货运枢纽（物流园区）可行性研究方法与关键技术

交通运输部规划研究院课题组　编著

内 容 提 要

本书界定了货运枢纽(物流园区)项目的概念、分类及特征,阐述了该类项目可行性研究的主要内容和相关要求,重点描述了货运枢纽(物流园区)项目的市场分析与需求预测、建设规模、项目选址与建设条件、总平面布置、交通衔接及组织方案、市政配套方案、信息化建设方案、建设运营模式、投资估算、经济评价、风险评估及防范对策等可行性研究主要内容的研究方法和关键技术。

本书主要供从事项目可行性研究工作的专业人员在工作中参考,也可供从事行业管理、投资决策、咨询评估以及教学培训的人员参考使用。

图书在版编目(CIP)数据

货运枢纽(物流园区)可行性研究方法与关键技术/交通运输部规划研究院课题组编著. —北京:人民交通出版社股份有限公司,2017.8

ISBN 978-7-114-13856-0

Ⅰ.①货… Ⅱ.①交… Ⅲ.①物流—工业区—可行性—研究 Ⅳ.①F253

中国版本图书馆 CIP 数据核字(2017)第 117546 号

Huoyun Shuniu(Wuliu Yuanqu)Kexingxing Yanjiu Fangfa yu Guanjian Jishu

书　　名:货运枢纽(物流园区)可行性研究方法与关键技术
著 作 者:交通运输部规划研究院课题组
责任编辑:屈闻聪
出版发行:人民交通出版社股份有限公司
地　　址:(100011)北京市朝阳区安定门外外馆斜街 3 号
网　　址:http://www.ccpress.com.cn
销售电话:(010)59757973
总 经 销:人民交通出版社股份有限公司发行部
经　　销:各地新华书店
印　　刷:中国电影出版社印刷厂
开　　本:720×960　1/16
印　　张:12.5
字　　数:216 千
版　　次:2017 年 8 月　第 1 版
印　　次:2017 年 8 月　第 1 次印刷
书　　号:ISBN 978-7-114-13856-0
定　　价:75.00 元
(有印刷、装订质量问题的图书由本公司负责调换)

编写委员会

Bianxie Weiyuanhui

主　　审：王压帝

主　　编：李　伟　张立彬

编写人员：李　伟　王压帝　赵　凛　李　可　李鹏林
朱苍晖　孙　鹏　何力武　张立彬　刘占山
李　颖　高永亮　刘　东　朱　超　刘　凌
毛　睿　杨　伯　杨　霞　孙相军　方怡沁
陆晓华　何　明　陈宇毅　刘　晨　李　悦
崔　愿　孔　哲　唐鹏程　刘　影

前言

Qianyan

现代物流业是衡量一个国家和地区综合竞争力的重要标志。在经济全球化、信息化加快推进的背景下,发展现代物流业已成为一个国家和地区改善投资环境、提升综合实力的重要举措。2001 年至今,我国政府先后发布了多个政策文件以加快推进现代物流业的发展,特别是 2009 年国务院印发的《物流业调整和振兴计划》(国发〔2009〕8 号)标志着促进现代物流业发展已上升为国家战略;2013 年国家发改委印发的《全国物流园区发展规划(2013—2020)》(发改经贸〔2014〕1949 号)和 2014 年 9 月国务院印发的《物流业中长期发展规划(2014—2020)》(国发〔2014〕42 号)则标志着我国正式以国家级规划的形式确立对现代物流业和物流园区的发展支持。

世界各国经验表明,现代物流的发展,已经离不开网络和节点两大基本要素,物流节点的社会化、共用化也已成为普遍趋势,以具备公共服务平台功能的物流节点为支撑来推进现代物流发展是不少国家和地区的有益经验。经过多年实践,我国政府部门和学界、业界也普遍认识到物流园区[1]是物流业规模化和集约化发展的客观要求和必然产物,是为了实现物流运作的共同化,按照城市空间合理布局的要求,集中建设并由统一主体管理,为众多企业提供物流基础设施和公共服务的物流产业集聚区。物流园区本质特征是"物流基础设施群和物流产业集聚区",其本身并不直接提供物流产品,而是通过提供公

[1] 资料来源:《全国物流园区发展规划(2013—2020)》。

共服务实现各类入驻企业开展规模化、一体化物流作业。物流园区作为货运枢纽中的一类重要枢纽形态，是货运组织的载体和平台，属于基础设施的重要组成部分，具有很强的公益性和正外部性，在促进物流发展、降低物流成本、集约利用土地资源、减少城市交通拥堵、改善城市发展环境等方面发挥着重要作用。

进入“十二五”期以来，为贯彻落实国家促进物流业发展的系列政策要求，交通运输部加快促进了货运枢纽（物流园区）的建设与发展，将具有公共服务属性的货运枢纽（物流园区）项目作为推进综合运输体系建设、促进现代物流发展的重要切入点予以政策支持。先后制定了《“十二五”公路货运枢纽（物流园区）建设规划》《“十三五”货运枢纽（物流园区）建设方案》《交通运输部货运枢纽（物流园区）投资补助项目管理办法（暂行）》（交规划发〔2016〕59 号），对货运枢纽（物流园区）项目的主要技术和服务功能要求做出了明确规定。截至 2016 年底，交通运输部共投资补助了 155 个项目、覆盖 119 座城市。实践证明，交通运输部的支持政策有效缓解了园区开发运营主体面临的土地、资金、招商等难题，取得了社会各界的良好反响，地方发改、交通以及交通运输部也逐步摸索出了实施政策引导、完善项目前期工作的管理经验，其中十分关键的步骤是指导做好“货运枢纽（物流园区）项目的可行性研究报告和项目资金申请报告”，而可行性研究的若干方法和技术又是关键中的关键。面对快速发展的生产实践，结合各地反映的问题，交通运输部发现在指导货运枢纽（物流园区）项目立项及可行性研究、项目资金申请及评估管理的工作过程中常常存在理念、方法、技术和依据等方面的不足或缺失，突出表现在以下几个方面：

一是如何把握项目平台服务特征。货运枢纽（物流园区）项目远不等同于一般货运站场项目，开展有关可行性研究时关键需把握其“平台服务特征”，即经济学意义上的准公共属性。这一点目前缺乏理念和方法技术上的指导。二是如何把握项目的货运服务功能。目前不少项目可行性研究报告以及资金申请报告常常缺乏对其基础性、共用型货运功能的专门描述，给开展有关规划、可行性研究和行业管理带来不便。三是项目可行性研究的方法、技术和依据有缺失。交通运输部早在2007年就下发了《公路运输站场投资项目可行性研究报告编制办法》(交规划发〔2007〕681号),尽管该编制办法申明包括了"办法"所述的"物流园区"项目类型,但该办法也只是对编制的文本格式和有关技术要求做了通用性的规定,并未详细解读或提供专门针对货运枢纽(物流园区)项目前期工作各阶段的具体技术、案例、方法等,不少规划设计和科研技术人员反映实际操作中出现困惑;同时,项目申请立项、建设、资金申请、评估等所依托的可行性研究报告中的参数、标准,也存在依据缺失、混杂、难以适用等现象,如《汽车货运站(场)级别划分和建设要求》(JT/T 402—1999)、《集装箱公路中转站站级划分、设备配备及建设要求》(GB/T 12419—2005)、《汽车危险货物运输规则》(JT 3130—1988)、《物资仓库设计规范》(SBJ 09—1995)等规范标准在行业内施用已近10年以上,期间国家已出台了大量政策与要求,显然已难以适应新形势和现代物流发展对货运枢纽(物流园区)建设的要求,解决上述问题已迫在眉睫。

为进一步从技术上探索、规范和指导我国货运枢纽(物流园区)项目的建设发展,交通运输部下达了《依托货运枢纽促进物流园区发展对策研究》《货运枢纽(物流园区)可行性研究报告编制指南研究》等课题研究任务。本书正是在上述系列课题的研究成果上总结提炼而成。内容除了分析货运枢纽(物流园区)项目的界定、分类及特征、可行性研究的主要内容和要求外,重点阐述了市场分析与需求预测、建设规模、项目选址与建设条件、总平面布置、交通衔接及组织方案、市政配套方案、信息化建设、建设运营模式、投资估算、经济评价、风险评估及防范对策等可行性研究的关键部分。

本书服务对象主要包括三类:一是有关货运枢纽(物流园区)项目的规划设计、技术咨询人员;二是投资主管及交通运输行业主管部门或管理机构;三是货运枢纽(物流园区)投资及开发主体等。本书主要服务于项目前期工作阶段,可适用于项目的规划、策划、项目申请立项等阶段,也可作为有关投资决策和行业管理人员在遴选、评估、审查项目时的技术参考。

本书主要由交通运输部规划研究院《货运枢纽(物流园区)可行性研究报告编制指南研究》课题组人员参与编写。其中,前言由李伟编写;第一章由李伟、王压帝编写;第二章由孙鹏、李伟编写;第三章由朱苍晖编写;第四章由李可编写;第五章由赵凛、孙鹏、李伟编写;第六章由李可编写;第七章由赵凛编写;第八章由赵凛、李伟编写;第九章由李可、何力武编写;第十、十一章由李鹏林编写;第十二章由朱苍晖、何力武、李可编写。课题组其他人员杨伯、杨霞等参与了本书的数据整理、图表制作、案例分析等工作。全书由金敬东主持编著,由李伟、张立彬负责统稿,由王压帝复审校核并主持审定。

本书的编写得到了交通运输部综合规划司于胜英、李颖、刘东、高永亮、朱超、刘凌等的技术指导和热情帮助,尤其得到了交通运输部水运科学研究院刘占山的大力支持。交通运输部科学研究院、江苏省交通运输厅规划中心、湖北省道路运输与物流管理局、河南省交通运输厅为课题研究及本书的编写提供了大量素材和有益建议。

交通运输部政策咨询小组成员刘鹏,国家发改委综合运输研究所董焰、王东明,中国物流与采购联合会贺登才,交通运输部科学研究院徐萍,交通运输部公路科学研究院李亚茹、张晓东、顾敬岩,清华大学杨新苗,北京交通大学闫学东、贾元华、虞明远,重庆市交通规划勘察设计院唐热情,浙江省交通规划设计研究院规划分院蔡红兵等专家在课题研究的各阶段及本书的编写过程中,提供了诸多建议和帮助,在此表示感谢!此外,编写组在课题研究和本书编写过程中引用了众多货运枢纽(物流园区)项目的案例和图纸,在此一并对相关规划设计单位致谢!

货运枢纽(物流园区)是近年来我国推进综合交通运输体系建设与发展过程中的新事物,其理论和实践也在不断发展,参与本书研究与编写人员的认识也在不断提升。限于研究水平,本书肯定存在诸多不足之处,有些观点可能仍存在一定争议,敬请行业内外的专家、学者和领导批评指正。

编著者

2016 年 12 月

目 录

Mulu

第一章　总　则

第一节　概　述

一、发展由来

本书所指“货运枢纽(物流园区)”是交通运输行业在货运枢纽站场建设领域现今政策着力点的“代名词”,也是伴随着交通运输部推进货运站场和物流枢纽建设而衍生出的一个内涵和外延较为宽泛的概念。官方文件第一次出现类似“货运枢纽(物流园区)”的表达,是在2011年3月28日财政部、交通运输部联合下发的《车辆购置税用于交通运输重点项目专项资金管理暂行办法》(财建〔2011〕93号)中,其中明确了专项资金的使用范围包括“纳入交通运输行业规划范围的公路货运枢纽(含物流园区)”。在交通运输部“十二五”“十三五”期间的投资补助政策研究制定过程中,有关文件逐步将“公路”去除,直接采用“货运枢纽(物流园区)”的表达方式,以体现综合交通运输体系建设的意图。

从项目实体形态上来看,一般读者会将货运枢纽(物流园区)理解为传统意义上的各类货运站场,如单一功能的集装箱联运站、危险品货运站、零担专线货运站等,但随着时代的发展,更多项目形态呈现为货运综合性服务功能更加突出的物流园区或物流中心,甚至还包括内陆无水港、口岸枢纽和联运基地等。用更加国际化的视野,还可以将其等同于国外文献中的CARGO-HUB(货运枢纽),即各类铁路货场、港口、机场、物流枢纽、货运站场等。但从本书的实际用途来看,货运枢纽(物流园区)是特指依托各类交通枢纽如港口、铁路站、机场、高速公路(高等级公路)交汇场所而构筑的公共平台性质的物流枢纽,且有明确的特征界定。

专　栏　1-1

货运枢纽(物流园区)的内涵解读

货运枢纽(物流园区)不是一个严谨的学术概念,但的确是体现行业现今工作重心的“代名词”,其内涵范围较为宽泛。总结来看,从“公路主枢纽”到“国家公路运输枢纽”再到“货运枢纽(物流园区)”,交通运输部门在货运枢纽领域的政策着力点,走过了从“单一功能”向“综合功能”、从“运输企业自用”到“社会化物流平台”的认知、探索过程。其变迁过程具体如图 1-1 所示。

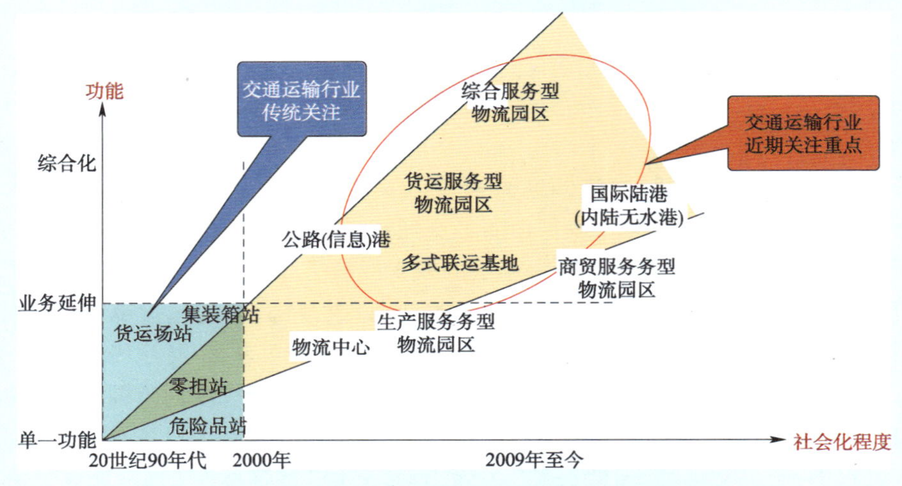

图 1-1　交通运输行业政策支持关注的货运枢纽形态变迁

如上图所示,“货运枢纽”的提法是伴随着交通运输部在 20 世纪 90 年代初推进“三主一支持”发展战略而诞生,在之后政策实施和调整中又不断演化和发展。交通运输部官方文件中最早出现“公路货运枢纽”的提法,是在 2007 年交通部印发的《公路运输枢纽总体规划编制办法》。实际上,货运枢纽发展至今,早已不是停留在单一功能站场的字面状态上,而是由若干市场实践所衍生出的众多形态所代表,并表现出外延不断拓展的状态。如果将 2007 年交通部下发的《关于印发公路运输站场投资项目可行性研究报告编制办法(试行)的通知》(交规划发〔2007〕681 号)看作是行业针对此类项目前期管理的成熟标志，以此作为观察基点，从功能和社会化程度两个维度，可以将货运枢纽所涉及的项目实体类型大体在图1-1中表示，其中正方形灰色区域代表了传统意义上行业所关注的各类货运站场范畴，而三角形区域则代表了行业近期关注重点，呈现范围不断拓展、支持重点不断更新的态势。

可见，伴随着综合运输体系建设和交通运输促进现代物流发展进程的不断推进，货运枢纽的内涵和外延不断有新的解读。基于2016年4月2日交通运输部印发的《交通运输部货运枢纽（物流园区）投资补助项目管理办法（暂行）》（交规划发〔2016〕59号）等新的政策视角，“货运枢纽（物流园区）”从项目实体上看，既包括传统意义上的公路货运站场，也包括综合货运服务功能突出的物流园区，甚至还包括内陆无水港、口岸枢纽和联运基地等，更加强调为物流企业提供集聚和一体化作业空间的公共设施和管理平台特征，是一个内涵和外延更加宽广的概念。

二、概念界定

为明确本书的研究对象，在此界定“货运枢纽（物流园区）项目”是特指“具备货运枢纽功能特征的物流平台项目”，强调是具有“物流园区”（或具备物流园区的核心特征）形态特征的项目而并非传统货运站场。核心需要具备以下特征：

（1）独立的投资项目，即是由独立管理机构经营、符合国家投资项目管理规定的合法立项项目；

（2）具备毗邻交通枢纽（港口、机场、铁路货场、高速公路或高等级公路交汇区域）且可以此为依托构建货运枢纽（物流园区）的区位条件；

（3）具备“大容量货物转换和多方式衔接组织”等典型货运特征，即主营业务是围绕“运输”所发生系列物流活动和组织行为，具有形成区域辐射和处理大批量货物转运、联运、换装等业务的能力；

（4）具备平台化的公共服务功能，即能为众多物流企业和社会公众（组织）提供综合性、现代化的物流服务，如为入驻的物流企业提供支撑生产的公共信息平台、公共仓储、公共停车、中转换装作业、货物配送等公共服务以及工商、税务、银行、保险等社会化配套服务及相关设施。

第二节　货运枢纽(物流园区)项目分类及特征

一、分类依据

参照《物流园区分类与基本要求》(GB/T 21334—2008)以及《全国物流园区发展规划》中的分类,物流园区大体可分为5种类型,在此基础上的功能和特征细分具体见表1-1。

物流园区类型业务功能细分概况　　表1-1

类　型	功能特点	推荐性指标和要求		
		物流强度[万t/(km²·年)]	交通连接方式	信息平台
货运服务型	①依托空运、水运或陆运枢纽而规划; ②提供大批量货物转运的配套设施,实现不同运输方式的有效衔接; ③服务服务国际性、区域性物流运输及运输方式的转换	空港型≥50; 海港型≥1000; 陆港型≥500	有两种以上的运输方式存在; 可以实现多式联运	能为入驻物流企业提供符合海关、检验检疫等监督要求的计算机管理系统
生产服务型	①依托经济开发区、高新技术园区、工业园区等制造产业集聚园区而规划; ②提供生产型企业一体化物流服务; ③主要服务于生产企业物料供应与产品销售	≥150	有两种以上的运输方式存在或毗邻两条及以上高速公路; 可以实现多式联运	能为入驻物流企业和工业园区提供公共信息平台和实时信息交换系统
商贸服务型	①依托各类大型商贸市场商品交易市场而规划; ②提供商贸企业一体化服务; ③主要服务于商贸企业商品集散	≥100	有两种以上的运输方式存在或毗邻两条及以上高速公路; 可以实现多式联运	能为园区内企业提供物流公共信息和在线交易服务

续上表

类　型	功能特点	推荐性指标和要求		
		物流强度［万 t/(km^2·年)］	交通连接方式	信息平台
综合服务型	①依托货运枢纽、产业园区、商贸市场等多元对象而规划； ②位于城市交通运输主要节点，提供综合物流功能服务； ③主要服务于物料供应、商品集散	≥250	有两种以上的运输方式存在或毗邻两条及以上高速公路； 可以实现多式联运	能为园区内企业提供物流公共信息和在线交易服务
口岸服务型	依托口岸，能够为进出口货物提供报关、报检、仓储、国际采购、分销和配送、国际中装、国际转口贸易、商品展示等服务，满足国际贸易企业物流需求	—	与综合服务型类似	与综合服务型类似

注：资料来源于《物流园区分类与基本要求》（GB/T 21334—2008）和《全国物流园区发展规划》（发改经贸〔2013〕1949 号）。

根据上述界定，本书所指项目主要聚焦于《物流园区分类与基本要求》（GB/T 21334—2008）的“货运服务型”“综合服务型”项目以及《全国物流园区发展规划》中提及的“口岸服务型”项目，其中后两者类型并非全部囊括，而是须强调“货运枢纽功能突出”的项目。因此，本书所界定的“货运枢纽（物流园区）项目”，内涵实质包括了《物流园区分类与基本要求》（GB/T 21334—2008）中的货运服务型物流园区和货运枢纽功能突出的综合服务型、口岸服务型物流园区项目，其功能特点、物流强度、交通连接方式和信息平台建设等特征性要求也可一并参照。

二、本书所指“项目”类型细分

参照《物流园区分类与基本要求》（GB/T 21334—2008）、《全国物流园区发展规划》以及《交通运输部货运枢纽（物流园区）投资补助项目管理办法（暂行）》（交

规划发〔2016〕59 号),根据工作需要,本书拟将货运枢纽(物流园区)项目根据所依托的交通方式划分为以下几种类型:

1. 单一公路方式主导的项目

1)公路港项目

所谓“公路港”项目,是在传统的货代受理点、信息交易中心、货物配载中心等基础上,通过信息网络手段开展“公共信息配货交易”,以减少空驶的服务手段将若干家中小企业集聚起来实现统一货运配载服务,并根据需要提供仓储、零担、驾驶员公寓等多项服务的货运枢纽(物流园区)项目。一般占地面积不小于 200 亩(约 0.13km^2)。

该类型项目以实现公路货运“停车、配载、线路、后勤”等一站式服务为主,是具有我国现阶段发展特色的“公路货运服务型物流园区”。功能虽相对单一,但能部分解决车辆空驶、长时间待货、交通拥堵、空气污染等突出问题,因此得到了政府的关注和大力扶植。未来,随着信息化、甩挂运输模式以及“互联网 + 物流园区”模式的大量推广,此类型的枢纽项目可能逐步淡出市场。

2)具有多元功能的公路货运枢纽(物流园区)项目

所谓“具有多元功能的公路货运枢纽(物流园园区)”项目,是以公路为主要集疏运方式、功能更加综合多元的货运平台项目,往往既具有前述公路港的功能,也包括公共仓储、城市配送、货运代理等,甚至还包括口岸通关、B 型保税等功能,是支撑当地产业和物流业集聚发展的重要服务平台,一般占地面积不小于 200 亩(约 0.13km^2)。功能包括但不局限于以下几个方面:

(1)毗邻产业园区、集聚区和高等级公路(二级以上公路)交汇位置规划建设,以公路为主要的集疏运方式,选址一般距离高速公路出入口不超过 5 km。

(2)为整车或零担专线汽车运输提供大批量货物转运、区域分拨的配套设施。

(3)为区域重要交通港站枢纽(机场、铁路站、港口等)提供喂给、集疏服务。

(4)为区域内有关制造业提供原材料、半成品、产成品等物资的集散、配送服务;为有关流通(批发、零售、电商等)企业提供分拨、配送服务。

(5)可具有口岸通关、B 型保税等服务功能。

2. 多交通方式(至少两种)连接的项目

所谓“多交通方式(至少两种)连接的货运枢纽(物流园区)项目”特指符合《物流园区分类与基本要求》(GB/T 21334—2008)的“货运服务型”及货运功能突出的“综合服务型”物流园区项目,这些项目在国标的推荐性指标中均默认衔接有两种及以上运输方式,可以实现多式联运。一般占地面积不小于 500 亩(约 0.33km^2)。

实际工作中,可根据交通方式的连接类型进行进一步细分:

1)公铁联运型项目

公铁联运型是依托公铁联运条件而规划建设的货运服务型或综合服务型物流园区项目。具体功能包括但不局限于以下几个方面:

(1)依托铁路枢纽或铁路货场等规划建设(一般 5 km 内有大型铁路站场)项目,项目范围内建有不少于 800m、可实现铁路整车作业的专用线,可以在园区内实现公路和铁路的多式联运和换装、分拨作业。

(2)提供大批量货物转运的作业场地和装卸配套设施。

(3)可具有口岸通关、B 型保税等功能。

2)水陆联运型项目

水陆联运型是依托公水或公铁水联运条件而规划建设的货运服务型或综合服务型物流园区项目。具体的功能包括但不局限于以下几个方面:

(1)依托海港或河港码头等规划建设(一般 5 km 内有大型港口)项目,在项目范围内建有与港口相连的铁路专用线或支线,或以公路运输作为接驳方式,可以实现远洋或内河航运与铁路或公路之间的换装作业和多式联运。

(2)提供大批量货物转运的作业场地和装卸配套设施。

(3)通常依托临港产业或地方主导性产业,为区域主导产业及邻近商贸市场、产业园区(集聚区)等提供商品流通集散、生产企业物料供应与产品配送等服务。

(4)可具有口岸通关、B 型保税等功能。

3)空陆联运型项目

空陆联运型是依托航空—公路或航空—铁路联运条件而规划建设的货运服务型或综合服务型物流园区项目。具体的功能包括但不局限于以下几个方面:

(1)依托航空枢纽规划建设(一般 5 ~ 10 km 内有大型机场)的项目,项目周边可以有铁路方式存在,但主要通过公路接驳实现航空与公路、航空与铁路方式之间的换装作业和多式联运。

(2)能够提供标准化或个性化货物(如快递、冷链)转运的作业场地和配套设施。

(3)可具有口岸通关、B 型保税等功能。

(4)依托航空枢纽,为邻近产业园区(集聚区)及周边提供高附加值产品、鲜活易腐产品的流通集散与产品配送等服务。

上述分类如图 1-2 所示。

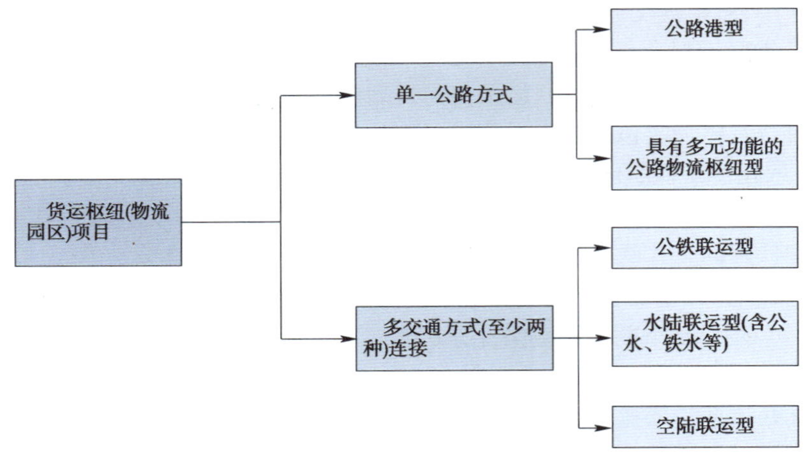

图 1-2　本书所研究的货运枢纽(物流园区)项目类型

注:左侧园区项目既包括以货运服务型物流园区,也包括依托商贸市场或产业园区等多元对象的综合服务型物流园区。

需要特别注意的是:在具体的项目存在形态上,本书所指的“货运枢纽(物流园区)”项目既有按照上述分类具有完整功能的货运枢纽(物流园区)项目,也有坐落在某些产业或大型物流园区内实现某一部分货运公共服务功能的“单体”小项目。本书研究不考虑上述形态或大小的差异,只关注独立的且具备上述货运枢纽功能的“平台型”项目的特点和本质。

第三节　项目可行性研究编制章节及内容要求

为方便理解,本书给出一般性的货运枢纽(物流园区)项目可行性报告编制章节及内容要求,包括概述,市场分析与需求预测,建设规模分析,项目选址与建设条件,建设方案,市政及配套,信息化方案,环境影响、节能、劳动安全,实施方案(建设运营模式),投资估算与资金筹措,财务评价,国民经济评价,风险分析,评价结果与建议 14 个章节内容。

一、概述

主要明确阐述项目的背景、编制依据和主要结论等。

二、市场分析与需求预测

货运枢纽(物流园区)项目可行性研究中,需求分析和预测是从拟建项目生存角度对市场环境、物流作业需求和社会化公共服务需求等的分析和研判。市场和需求分析可以为项目的规模测算、流线设计、市政设计和经济评价等提供支撑，是项目技术可行和经济可行的论证基础。研究主要包括市场环境分析、目标市场与功能定位、吞吐量及作业量预测等内容。

1. 市场环境分析

市场环境分析是基于货运枢纽（物流园区）项目所在区域（或项目影响区域）的社会经济环境、行业政策环境、交通运输条件和区域同行业竞争等外部环境条件，对项目定位、服务范围和服务对象等项目物流服务核心要素影响的综合判断。

一般来说市场分析结论为：明确设计年度项目腹地范围、项目服务主要对象等。

2. 目标市场分析及功能定位

目标市场分析及功能定位是基于建设货运枢纽（物流园区）项目的细分目标市场及容量分析，确定项目的发展定位，细化项目服务对象，明确需求类型，确定项目物流作业及主要配套功能。功能定位是需求判断的核心。

3. 项目吞吐量及作业量预测

对货运枢纽（物流园区）项目货物吞吐量和主要功能区的作业规模进行预测。一般来说，需要对吞吐量、作业量等总量指标进行预测，同时对拟开展的主要物流作业量和配套服务进行分项作业量预测。

需要特别说明的是，对于具备公共服务特征的货运枢纽（物流园区）项目，应在作业量预测的基础上对于项目所要开展的社会服务需求加以分析计算。

4. 主要插图及表格

主要插图：一般包括项目腹地划分示意图、物流作业流程图等。

主要表格：需求预测指标汇总表。需求预测指标汇总表是需求预测的主要结论和规模判断的直接依据，一般应给出吞吐量、物流作业量、主要交通方式吞吐量、集装箱吞吐量，以及各种类型仓储和堆存量、多式联运量、信息配载量、海关特殊监管量等其他作业指标预测值。

三、建设规模分析

建设规模是指项目在设定的年份（一般指项目设计年度，也称设计年限）内为满足生产能力需求所提供的设施总规模。它是确定项目建设方案、进行投资估算的重要参数。

1. 用地规模测算

（1）根据项目货物吞吐量和物流强度，结合项目在区域中的定位、服务产业、主要作业功能、作业货种等,确定项目用地规模总需求。

(2)确定项目内用地结构,包括道路用地、绿化用地以及铁路专用线、物流作业设施和配套服务用地比例,以满足环保、住建等部门的规定。

2. 作业设施规模测算

以项目作业量预测结果为依据,参考物流园区、物流中心、仓库等技术规范和相关标准,确定各类仓库、堆场、装卸作业场地、停车及辅助设施、物流业务办公设施等生产服务设施需求规模,并给出配套行政办公及生活设施的需求规模。

3. 主要表格

主要作业设施建设需求规模一览表。

四、项目选址与建设条件

1. 项目选址

货运枢纽(物流园区)项目选址是指在研究总平面布置方案之前,对项目的位置、范围进行论证和决策的工作过程。一般而言,选址考虑因素包括项目规模、经济性、交通条件以及规划、地质、水文、市政配套条件等。

主要结论:明确拟建项目的建设位置,并提供项目位置示意图。

2. 建设条件分析

主要包括论证拟建项目在选址范围内的交通、地质、水文等适建条件等,并给出有关分析结论。

3. 主要插图

项目选址图。

五、建设方案

总平面布置与功能分区是项目可行性研究的核心内容,主要是确定货运枢纽(物流园区)项目的功能区划分、总平面布置等,是项目方案实施的前提基础。可包括以下内容:

1. 功能区划分

功能区划分主要是根据不同作业流程之间的联系程度,将功能相同或相近的单一物流服务功能相互归并和整合,以提高作业效率和土地利用效率,同时可节约作业成本和时间价值损耗等。货运枢纽(物流园区)项目的功能区划分主要需考虑作业流程、货物的数量类别及设施间关联性等因素。

一般应说明各功能区主要服务功能、占地面积、布设方案及各主体设施建筑面积,并给出功能分区图。

2. 总平面布置方案

总平面布置是在项目作业流程相对明确的前提下,研究建筑物、构筑物、设施、设备等的相对平面布局,包括总平面布置的原则和方案。

3. 交通集散和组织方案

主要研究项目周边对外交通衔接和组织(衔接的公路、铁路、航道等)、项目内部路网布局及改进、项目交通流线及出入口设置等方案。

4. 主要插图及表格

主要插图:主要包括功能分区图、总平面布置图、交通组织流线图、主要出入口位置。

总平面布置图通常包括以下内容:

(1)项目范围及边界:用地红线、道路红线、建筑控制线。

(2)主要建筑物、构筑物布设情况:主要建筑物、构筑物的坐标(或相互关系尺寸)、位置、名称(编号)、层数等,人防工程、地下车库、油库、蓄水池等隐蔽工程以虚线表示。

(3)主要衔接的货运站场设施(道路、铁路、港口、机场等)的位置及相互关系。

(4)绿化设施布置示意。

(5)风玫瑰图、指北针。

(6)主要技术经济指标表。

(7)说明栏内的信息:尺寸单位、比例、地形图的测绘单位、日期、坐标及高程系统名称、补充图例及其他必要的说明等。

主要表格:技术经济指标表。技术经济指标表是总平面布置的主要结论,一般应给出总占地面积、总建筑面积、建筑物占地面积、主要构筑物占地面积、停车位数量、道路占地面积、容积率、建筑密度(或建筑系数)、绿地率等。

六、市政及配套

市政配套设施建设方案主要包括货运枢纽(物流园区)项目内部市政管网布设方案以及与周边市政管网衔接方案,涵盖给排水、供电、电信工程、燃气、管线综合、防灾、环保和节能几个方面。一般应明确设计依据、原则和标准,估算总需求量,结合周边市政管网设施的规划建设情况,提出园区内设施基本配置方案或管网对接敷设方式。

1. 给水

根据项目内布局、结构、用水量指标等,预测设计目标年的需水量,给出项目衔接的输水管线管径及布设位置。

2. 排水

排水部分通常分为雨水和污水两个方面进行规划:

(1)雨水排放部分要以雨水管设计采用的雨量公式、集水时间、重现期、径流系数等设计参数为依据进行规划;

(2)污水排放部分则需汇总各入驻企业内部的生产污水、生产假定净水和生活污水水量、水质的现状及预期,综合说明近、远期总排水量。

3. 供电

根据用电负荷指标测算项目设计年限最高用电负荷及其对供电电源可靠程度的要求,并依据项目或项目周边供电电源电压、供电来源,提出电网敷设及相关电力设施建设方案。

4. 电信工程

说明通信设计范围、需求分析及通信设计内容,提出有线及无线通信设施建设方案。

5. 燃气供热工程

预测燃气、热负荷用量,确定气源、热源结构,供气规模和供气、供热方式,提出管线敷设方案。

6. 管线综合

包括管线平面综合及竖向综合,提出不同管线综合布设的原则、限制及要求。

7. 防灾

防灾主要阐述关于项目工程潜在火灾、水灾、地震灾害等的防护措施及应急措施。以防火为例,需根据构(建)筑物的消防保护等级,考虑必要的安全防火间距,布设消防道路、安全出口、消防给水等设施。

8. 主要插图

市政管网及主要断面图。

七、信息化建设方案

1. 信息资源现状分析

分析货运枢纽(物流园区)项目所在地区物流信息化总体应用水平、既有平台等,提出项目物流信息系统建设主要解决的问题。

2. 需求分析

基于货运枢纽(物流园区)项目的不同用户,分析信息化需求,如政府部门、园区管理部门、入驻物流企业、物流企业服务客户(制造、商贸业等)产生的不同物流信息需求。

3. 功能设计

在需求分析基础上，提出货运枢纽（物流园区）项目信息系统的主要功能。

4. 建设内容

提出货运枢纽（物流园区）项目信息化系统的总体框架、功能模块、总体运作方式等。

八、环境影响、节能、劳动安全

1. 环境影响

阐述项目建设及运营期间将对周边生态环境产生的不良影响以及主要影响因素，涉及噪声、废气、废水、固体垃圾等方面。

预测可能出现的环境污染源，根据相应标准提出控制措施及治理目标。

2. 节能

结合工程实际情况，阐述能耗情况及主要节能措施，包括建筑物隔热、节电和节水措施，余热利用，分析节能效益，积极推广节能技术应用。

3. 劳动安全

在已确定的工程方案基础上，分析论证在项目建设开发及运营过程中对劳动者和财产可能产生危害的不安全因素，如工伤和职业病等，并提出相应的防范措施。

九、实施方案

1. 建设运营模式

根据项目服务功能及特点，结合业主实际需求，提出项目的建设运营方案，明确项目的投资方、开发建设单位、运营管理单位，并对项目投产后的主要盈利方式提出相关建议。

2. 建设工期及进度

项目工程建设方案确定后，提出项目的建设工期和实施进度方案，科学组织建设过程中各阶段的工作，按照工程进度安排建设资金，保证项目按期建成投产。

3. 主要表格

项目实施进度表。

十、投资估算与资金筹措

1. 投资估算

按照有关定额及规定，对拟建项目投入总资金进行估算。

估算的内容一般包括建筑工程费、安装工程费、设备与工器具购置费、其他建设费用、基本预备费、涨价预备费、建设期利息。

货运枢纽（物流园区）项目估算投资中，需明确公共服务平台部分的资金投入。

2. 资金筹措

货运枢纽(物流园区)项目资金筹措是在投资估算基础上,研究园区项目的资金渠道、融资方式、融资结构、融资成本、融资风险,比选项目的融资方案,在此基础上确定项目的资金筹措方案。

重点需要分析给出货运枢纽(物流园区)项目融资结构,拟申请使用政府资金的项目应明确政府投入资金的来源、性质。

3. 主要表格

投资估算总表、分年度资金使用计划表、资金筹措及融资结构表。

十一、财务评价

1. 评价范围

依据货运枢纽(物流园区)项目功能定位和业务模式,对应投资估算工程范围,确定评价范围。

2. 评价内容

对应投资估算工程范围,测算计算期内物流园区建设项目的运营收入,估算成本费用;按照国家对投资项目财务评价的有关规定及项目的具体要求,编制各类财务评价报表,分别计算拟建项目全部投资(或资本金、各方投资)的财务内部收益率、净现值、效益费用比、投资回收期、利息备付率、偿债备付率等指标,进行生存能力、盈利能力、偿债能力分析等,以费用、收入变动为基础,考察项目的财务评价指标变动情况,进行不确定性分析。

货运枢纽(物流园区)项目财务评价应遵循"费用效益对应一致、产权清晰、责任分明"的原则进行。如果项目涵盖多个投资主体,则财务评价可根据项目评价需要,分别对不同投资方进行评价。

3. 主要表格

项目投资现金流量表、项目资本金现金流量表、固定资产折旧表、利润与利润分配表、借款还本付息计划表、敏感性分析等表格。

十二、国民经济评价

1. 国民经济评价(或称经济费用效益分析)

按照合理配置资源的原则,从国民经济的角度考察货运枢纽(物流园区)项目所耗费的社会资源和对社会的共享,评价项目的经济合理性。

结合项目特点,识别国民经济效益和费用,计算和选取影子价格,编制国民经济评价报表,计算国民经济评价指标并进行方案比选。

2. 主要表格

国民经济评价投资调整表、经营费用及收入调整表、国民经济效益费用流量表等表格。

十三、风险分析

货运枢纽(物流园区)项目风险分析是认识项目可能存在的潜在风险因素,估计这些因素发生的可能性及由此造成的影响,研究防止或减少不利影响而采取对策的一系列活动。主要包括:

1. 风险识别

货运枢纽(物流园区)项目风险识别既要通盘考虑项目的整个实施过程,全面地识别项目在各个阶段所面临的风险因素和各参与主体所面临的风险,又要侧重于识别建设过程中的决策对项目整个实施过程可能产生的风险。主要包括技术、市场、管理、政策风险等。

2. 风险估计及评价

风险估计是估计风险发生的可能性及其对项目的影响。风险评价是在风险估计的基础上,通过相应的指标体系和评价标准对风险程度进行划分,揭示影响项目成败的关键风险因素,以便针对关键风险因素采取防范对策。在项目可行性研究阶段,货运枢纽(物流园区)项目风险估计与评价一般合并为"风险评估"。货运枢纽(物流园区)项目风险评估宜采取定性描述和定量分析相结合的方法,对项目整体面临的风险做出全面的评估。有时要结合财务和经济评价,做出敏感性分析。

3. 防范对策

货运枢纽(物流园区)项目风险对策是根据项目风险识别结果,针对可能出现的项目风险提出应对措施,并制定出项目风险应对计划。主要对策包括技术手段、管理手段、风险转移手段等。

十四、评价结果与建议

基于上述财务、经济和风险评估等,给出项目可行性研究的推荐结论。

第四节 本书研究重点

作为投资项目,货运枢纽(物流园区)项目可行性研究报告编制所涉及的通用内容比较多。实际运用时,根据立项审批、资金申请、可行性研究、项目规划等工作阶段的不同,会存在侧重点不同、内容有所取舍等不同情形。不少通用性内容和要求均可以在原国家计划委员会出版的《投资项目可行性研究指南(试用版)》等相关权威指引中找到。

本书重点阐述具有“强货运特征”的物流平台项目有关重、难点的可行性研究技术方法,侧重在市场分析与需求预测、建设规模、项目选址和建设条件、总平面布置、交通衔接与组织方案、市政配套方案、信息化建设方案、建设运营模式、投资估算、经济评价、风险识别与防范对策共计11项具体内容。

第二章　市场分析与需求预测

货运枢纽(物流园区)项目的市场分析与需求预测是从拟建项目建设和运营角度对物流作业需求和公共服务需求的规模、类型、特征等进行分析和预测的工作。该工作为建设规模测算、总平面布置、流线设计、市政配套、投资估算和经济评价等提供依据和支撑,是论证货运枢纽(物流园区)项目技术和经济可行性的基础,是整个项目可行性研究的前提和核心。

第一节　概念和指标

一、概念、类型与特征

货运枢纽(物流园区)项目需求可分为物流作业需求和公共服务需求,其中:

1. 物流作业需求

拟建项目的物流作业需求是指拟建货运枢纽(物流园区)项目根据市场需求为货主提供的运输、货代、仓储、分拣、加工、装卸、配送、信息服务、报关报检等各类物流作业活动的总称。

参照《物流服务分类与编码》(GB/T 26820—2011)、《物流中心作业通用规范》(GB/T 22126—2008)等,可以将货运枢纽(物流园区)内的物流作业大体归纳为功能型、信息型和咨询型三个服务大类(见表2-1)。实际上,货运枢纽(物流园区)项目物流作业需求通常不包括长距离的干线运输服务(公路、铁路、航空、管道、水路等干线运输),但可包含铁路与公路短途接驳、联运换装等运输服务需求。

货运枢纽(物流园区)项目物流作业主要类型　　表 2-1

服务大类	服务小类	服务项目
功能型物流服务	仓储服务	存储保管
		验收监测
		出入库服务
		库存管理与控制
		转让过户
		存货质押监管
		其他
	运输服务	铁路运输
		公路运输
		水路运输
		航空运输
		管道运输
		多式联运
		其他
	配送服务	门到门服务
		快递
		集拼处理
		组配调度
		其他
	装卸搬运服务	码垛拆垛
		装卸服务
		搬运服务
		其他
	包装服务	组合拼配
		加固捆扎
		更换包装
		其他
	流通加工服务	粘贴标签
		制作和粘贴条码
		辅助加工
		其他
信息型物流服务	基本信息服务	信息发布
		信息查询
		信息处理
		消息服务
		货物跟踪
		业务监控
		其他
	物流信息系统	仓储管理系统
		运输管理系统
		配送管理系统
		货运代理管理系统
		报关报检管理系统
		其他
	信息服务平台	技术服务
		信息服务
		交易服务
		物流业务服务
		用户服务
		其他
咨询型物流服务	市场调研	市场容量和结构调查
		营销与物流策略调查
		用户满意度调查
		其他
	物流规划	战略规划
		物流系统规划
		设施规划
		物流园区规划
		其他

续上表

服务大类	服务小类	服务项目	服务大类	服务小类	服务项目
资讯型物流服务	方案设计	物流外包方案设计	资讯型物流服务	教育培训	普及培训
		物流信息化方案设计			专业培训
		物流营销方案设计			其他
		定制化物流方案设计			
		业务流程优化			
		组织结构优化			
		其他			

注:资料来源于《物流服务分类与编码》(GB/T 26820—2011)和《物流中心作业通用规范》(GB/T 22126—2008)。

2. 公共服务需求

拟建项目公共服务需求是指为保障拟建项目的正常运行,由物流平台商或平台管理机构以及入驻的配套服务提供商等提供的各类支撑生产作业和生活配套的设施及服务。比如货运枢纽(物流园区)区域内的交通专用线、多式联运等公共作业区、大型生产设备、公共信息平台、停车、海关、税务、工商等共用物流生产服务设施,以及办公用房出租、住宿、餐饮、物业等配套生活服务等。参照《物流园区服务规范及评估指标》(GB/T 30334—2013)等相关规范标准,通常意义上的货运枢纽(物流园区)项目提供的公共服务包括但不限于以下几类(见表2-2)。

货运枢纽(物流园区)项目公共服务类别　　表2-2

序号	典型公共服务	具体内容
1	设施设备租赁服务	通用的土地、仓库、堆场、多式联运设施、装卸机具等物流作业基础设施和设备的租赁服务
2	公共作业服务	提供多式联运、车辆维修等公共特征的物流作业服务
3	行政业务用房服务	为入驻政府机构提供办公用房等设施,满足入驻企业在项目内完成工商注册、税务、报关报检、运政、公安等业务管理和服务要求
4	商务业务用房服务	提供会议用房、办公用房、餐饮及住宿用房等设施或服务,满足企业的商务服务
5	物业服务	提供安保、保洁、设备维护等物业服务
6	信息服务	提供物流公共信息平台设施,满足入驻企业信息管理、信息互联互通和信息安全要求

二、需求分析和预测思路

1. 需求分析原理

货运枢纽(物流园区)项目的作业需求和公共服务需求既有联系又有区别,二者的关系如图 2-1 所示。

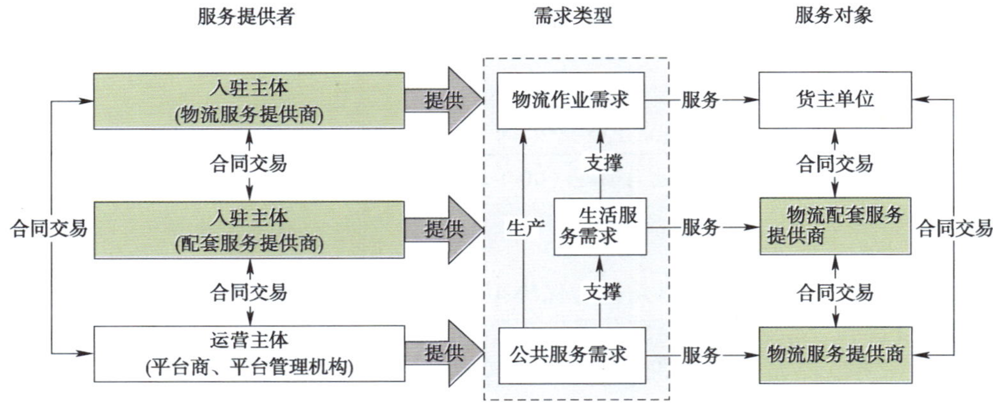

图 2-1　货运枢纽(物流园区)项目服务三类主体之间运作关系示意

可见,货运枢纽(物流园区)项目内一般存在三类主体:一是平台商或平台管理机构,主要提供基础设施和公共服务;二是入驻的物流企业,主要向货主提供各类物流作业服务;三是入驻的配套服务提供商,主要向各类入驻主体提供生产及生活配套服务。通常货运枢纽(物流园区)通过上述三者的分工合作,为货主提供系统的物流服务。

需要强调的是,物流作业需求和公共服务需求存在本质区别,二者的差异如下:

(1)服务对象不同。物流作业需求的服务对象是货主企业,主要满足其物流服务采购需求;公共服务需求的服务对象则是入驻项目内的机构或企业,是基础性、共用性的支撑生产作业和生活配套的设施和服务。

(2)提供方式不同。物流作业由入驻项目内的物流企业协作或单独提供;公共服务由平台商或平台管理机构提供,通常有以下三种表现形式:一是基础性公共服务,主要包括市政管网、道路绿化等,通常情况下提供方多为当地政府或平台商(或平台管理机构);二是生产性公共服务,包括公共仓储和堆存、海关监管、联运换装等,提供方一般为平台商(或平台管理机构),以租赁、管理等方式提供给需要的企业;三是社会化公共服务,包括工商、税务、金融、保险、餐饮、停车、住宿等,提供方多为入驻的各类配套服务提供商。

2. 分析和预测思路

货运枢纽(物流园区)项目市场分析和需求预测的总体思路是:遵循“目标市场分析→物流作业需求→公共服务需求”顺序分析,逐步推进。具体过程如图 2-2 所示。

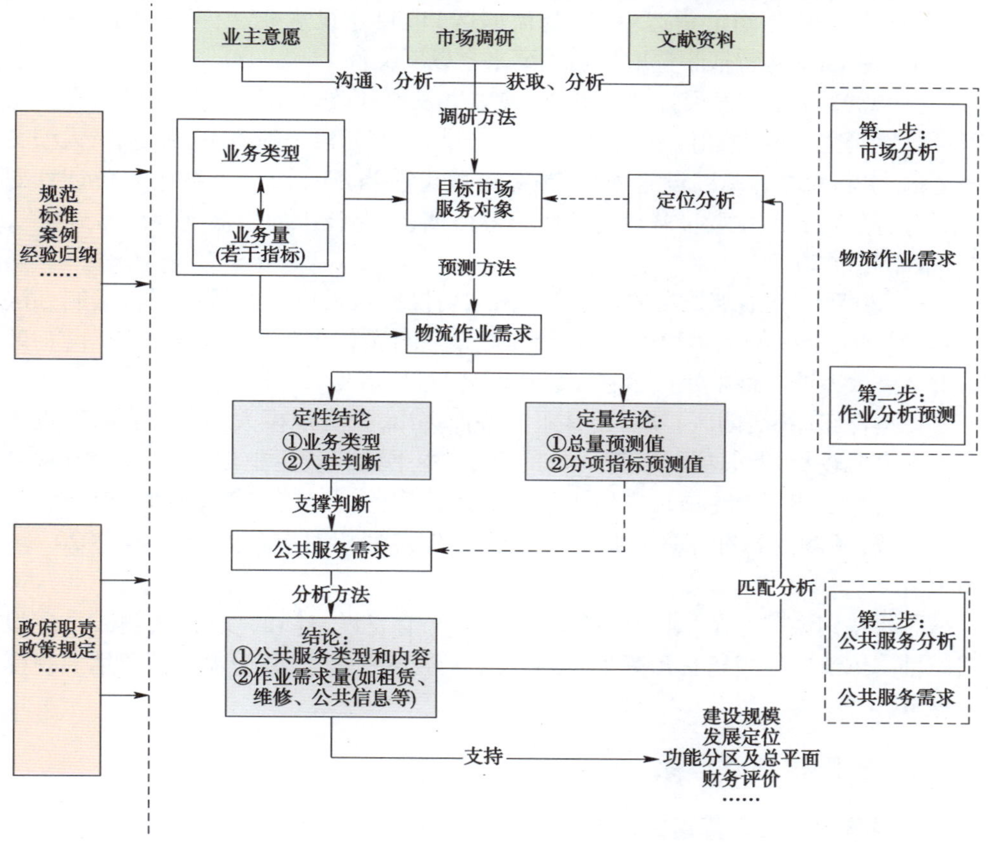

图 2-2 货运枢纽(物流园区)项目市场分析与需求预测基本思路

根据以上思路,市场分析和需求预测关键的技术过程主要包括以下三步:

第一步:目标市场分析。通过座谈、走访、问卷、文献资料收集等方式充分了解市场发展环境条件、业主外包意愿等,判断和明确项目的腹地(辐射)范围和服务对象。

第二步:物流作业需求分析及预测。结合项目服务对象分析判断项目需要开展的业务类型,根据目标市场情况分析预测项目的货物吞吐量、作业量及分项作业量等。

第三步:公共服务需求分析及预测。在第二步物流作业需求分析的基础上,结合有关业务定位和功能特点,判断项目入驻主体所需提供的公共服务类型与规模。

本书将在本章第二节~第四节重点展开上述内容。

3. 预测年限与特征年选取

预测特征年是确定货运枢纽(物流园区)项目建设规模、财务评价的依据之一。本书提出预测特征年选取依据主要来自以下文件:

(1)2002 年国家发展计划委员会(现国家发展和改革委员会)出版的《投资项目可行性研究指南》指出:"竞争性项目的产品,预测时段一般为 10 年左右;大型交通运输、水利水电等基础设施项目,预测时段可适当延长",项目财务评价计算期"根据产品寿命期、主要设施设备的使用寿命期、主要技术的寿命期等因素确定","一般不超过 20 年"。

(2)2007 年交通部发布的《公路运输站场投资项目可行性研究报告编制办法(试行)》指出:公路运输站场项目设计年限从项目主体工程投入运营后起算,一般取 10 年;大型综合性枢纽站项目,其设计年限可适当延长。

货运枢纽(物流园区)项目公共服务特征突出,投资规模大、回报周期长、设备和技术寿命较长,考虑项目经济评价的要求,本书建议货运枢纽(物流园区)项目需求分析和预测年限为项目主体工程建成运营后的 15 或 20 年,原则上应与设计年限一致,预测的特征年的选取可与国家 5 年规划相对应(如 2015 年、2020 年、2030 年等)。

需要特别说明的是,对于市场前景好、未来有发展空间的项目,预测人员应根据项目具体情况适当延长预测年限,为未来发展留有余地,并为项目预留用地规模做参考。

三、分析和测算指标

(一)物流作业测算指标

物流作业需求的分析和预测指标一般包括:吞吐量、作业量的总量指标及其各分项指标。

1. 总体指标

总量指标反映项目整体物流作业规模,是项目整体用地规模等设计要素的判断依据,主要包括货物吞吐量和物流作业量指标。

1)货物吞吐量

参照公路货运站和港口等行业的有关标准,本书提出的货运枢纽(物流园区)项目的货物吞吐量是指:在拟建项目规定的整体边界范围内,以铁路、公路、水运、民航、管道等各种运输方式运进运出的货运量。计量单位:吨(t)。

2)物流作业量

参照《物流术语》(GB/T 18354—2006)、《物流园区统计指标体系》(GB/T 30337—2013)对于“物流活动”“货物运输量”的定义,本书提出货运枢纽(物流园区)项目物流作业量是指:拟建项目将要开展的物流活动中所包括的运输、储存、装卸、搬运、包装、流通加工、配送等各个环节产生的货物作业量的集合。计量单位:吨(t)。

专 栏 2-1

货物吞吐量与物流作业量的区别及主流定义

不同行业标准对于吞吐量的定义见表2-3。货运枢纽(物流园区)项目吞吐量概念定义的表述有3个要点:①强调以物流园区整体范围作为边界,即吞吐量为园区的进出量;②物流园区内部各功能区之间的接驳、换装作业,各功能区内部装卸存储作业不属于物流园区吞吐量范畴;③园区吞吐量指标是园区物流服务综合能力的体现。

公路水运行业标准对于吞吐量的定义说明 表2-3

标准名称	吞吐量定义
《汽车货运站(场)级别划分和建设要求》(JT/T 402—1999)	报告期内,货运站年发出与到达的货物数量,是中转、收、发量的总和
《港口工程基本术语标准》(GB 50186—2013)	由水运输出、输入港区,并经过装卸作业的货物总量

项目物流作业量是货运枢纽(物流园区)项目内物流作业水平的综合体现,物流作业量是指发生在园区内部的换装、加工、仓储、装卸、配送、联运、甩挂、包装等作业环节发生的作业量,以统一量纲(t)计,通常情况下物流园区的作业量大于或等于吞吐量。相关标准中对物流活动及货物运输量的定义见表2-4。

物流作业量相关定义说明 表2-4

标准名称	相关定义
《物流术语》(GB/T 18354—2006)	物流活动:物流过程中的运输、储存、装卸、搬运、包装、流通加工、配送等功能的具体运作
《物流园区统计指标体系》(GB/T 30337—2013)	货物运输量:指物流园区内运输业实际运送的货物数量

需要说明的是,在项目可行性研究中,吞吐量指标可用于项目整体占地规模、对外集疏运交通组织的分析;项目作业量指标则可用于项目各功能区的划分与总平面布置,各建筑物、构筑物建设规模,项目内部通道布设等分析。

2. 分项指标

物流作业的分项指标是指货运枢纽(物流园区)项目内依据运输方式、作业方式或货类差异等所开展的不同物流服务活动统计值。通常衡量的单位和量纲并不一致。

1)吞吐量分项指标分类

根据实际分析需要,吞吐量分项指标主要包括各运输方式吞吐量指标、集装箱吞吐量和国际货物吞吐量指标等。

2)作业量分项指标分类

根据实际分析需要,作业量分项指标主要包括仓储堆存、装卸搬运、货车停车、海关作业、多式联运等。一般可归纳成以下四类,见表2-5。

项目主要分项作业量指标 表2-5

<table>
<tr><th>序号</th><th colspan="2">主要作业</th><th>主要分项指标</th></tr>
<tr><td>1</td><td colspan="2">仓储堆存作业</td><td>普通仓储量(万吨/年)
大宗货物堆存量(万吨/年)
集装箱堆存量(万吨/年)
零担仓储量(万吨/年)
冷链仓储量(万吨/年)
危化品仓储量(万吨/年)
城市配送仓储量(万吨/年)
海关特殊监管仓储量(万吨/年)</td></tr>
<tr><td>2</td><td colspan="2">装卸搬运作业</td><td>码垛拆垛(万吨/年)
装卸服务(万吨/年)
搬运服务(万吨/年)</td></tr>
<tr><td>3</td><td colspan="2">货车规模</td><td>车货信息配载量(万吨/年)
驻站(场)停车量(辆/年)</td></tr>
<tr><td rowspan="2">4</td><td rowspan="2">其他涉及公共服务的分项作业指标(支撑物流生产作业)</td><td>海关进出口作业</td><td>海关、国检查验货物量(万吨/年)
出口复进口货运量(万吨/年)</td></tr>
<tr><td>多式联运作业</td><td>水陆联运量(万吨/年)
公铁联运量(万吨/年)
公空联运量(万吨/年)
铁空联运量(万吨/年)</td></tr>
</table>

(二)公共服务需求有关分析和测算指标

项目公共服务需求包括生产作业和生活配套两类服务指标。其中,涉及生产作业的公共服务指标(如多式联运、海关监管作业等)在“物流作业测算指标”中已作介绍。同时,生产作业设施设备租赁需求通常不做定量化预测。因此,此处重点介绍办公及生活配套服务需求指标,包括项目配套的餐饮、住宿、办公等业务量需求指标。常见的5类指标如表2-6所示。

公共服务需求(仅涉及生活配套部分)有关分析指标　　表2-6

序号	典型公共服务类型	预测指标
1	设施设备租赁服务	一般不做定量预测
2	公共作业服务	海关、国检查验货物量(万吨/年)、公铁联运量(万吨/年)等,与相关物流作业预测指标一致
3	行政业务用房服务	办公人数
4	商务业务用房服务	用餐人数、住宿人数、办公人数、故障车辆数等
5	物业服务	商务及办公停车,等
6	信息服务	一般不做定量预测

第二节　目标市场分析

货运枢纽(物流园区)项目的目标市场分析是在对拟建项目周边区域的社会经济形势、行业政策环境、交通运输条件、物流业发展水平、同业竞争等影响因素作系统分析的基础上,梳理判断出项目依托的腹地范围和服务对象的工作。该项工作是项目需求分析和预测的起点。主要结论包括:拟建项目的腹地(辐射)范围、主要服务对象等。

一、工作思路

目标市场分析的工作思路是:综合分析项目所在区域的经济社会、交通、行业政策环境等,考虑类似发展经验和市场竞争因素后,框定拟建货运枢纽(物流园区)项目的腹地范围,并在项目自身优劣条件分析的基础上,逐步明确主要服务对象。目标市场分析的基本思路如图2-3所示。

1.腹地范围界定

腹地范围确定项目物流服务的空间范围或时效范围,一般包括多个层次,是确定项目服务对象的主要依据。分析方法主要包括经验判别法和数理模型法。

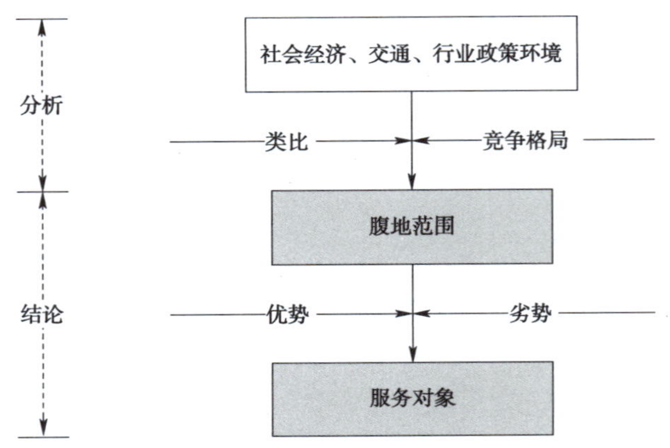

图 2-3 目标市场分析基本思路

专栏 2-2

项目腹地的概念与内涵

拟建货运枢纽(物流园区)项目的腹地尚无规范性定义,通常是指拟建项目目标市场所覆盖的区域范围或是有效的集疏运覆盖区域。参照《港口工程基本术语标准》(GB/T 50186—2013)对于港口腹地的定义:"港口腹地"是与港口客货集疏运保持密切关系的区域。

项目腹地范围划分主要受物流成本的影响,并与项目作业特征、规模及影响力密切相关。一般来说,由于单位运输成本较高,以小批量、多批次配送服务为主的货运枢纽的腹地范围相对较小,需要配送的工业、商贸企业主要集聚在物流园区周围;干线运输单位成本相对较低,依托快速路、高速公路主要出入口开展区域干线运输集拼服务的货运枢纽(物流园区)辐射区域一般可拓展至县域、市域乃至更大的范围,如公路港等;鉴于联运资源的稀缺性,依托铁路车站、港口、机场开展多式联运和中转集散的货运枢纽(物流园区)在区域的影响力较大,其服务的辐射范围往往跨多个地区,如东部沿海的青岛港、连云港等后方货运枢纽可辐射至西安等西部城市和地区。另外受到规模效应的影响,区域规模和影响力较大的货运枢纽(物流园区)腹地范围要大于同类型的中小型货运枢纽(物流园区)。

1)经验判别法

主要包括以下 3 种方法:

(1)行政区划法。一般指以就近的省、市、区为单位进行腹地划分。例如:可根据项目周边行政区划,判断湖北荆门公-铁联运物流中心项目的直接腹地为项目所在的荆门市东宝区,间接腹地为荆门市;福州华威公路港物流园区项目的直接腹地为福州市,间接腹地为福(州)莆(田)宁(德)地区。

(2)经济区划法。和行政区划法相似,考虑城市和城市之间紧密的经济联系,以经济区为单位进行腹地范围的划分。

(3)交通主干线路法。对于位于重要交通主干线上的货运枢纽(物流园区)项目,项目腹地往往沿交通主干线延伸。例如福建省莆田市湄洲湾莆头物流园区项目依托向莆铁路、沈海高速等疏港通道,腹地向西、南、北等方向延伸,范围覆盖闽、赣等多个省份。

2)数理模型法

数理模型法主要包括引力模型法、断裂点模型、重力模型法等。其中引力模型法是其他方法的基础。

引力模型法的基本原理为:地区间的货流联系是两地区间相互吸引、相互排斥的结果,从出行起点 O 到讫点 D 的货物流量与 O 点的总生成量和 D 点总吸引量成正比,而与 O、D 两点之间的距离成反比。具体公式如下:

$$T_{ij} = k\frac{P_i^{\alpha} P_j^{\gamma}}{d_{ij}^{\beta}} \tag{2-1}$$

式中:T_{ij}——货运枢纽(物流园区)的吸引力;

P_i 和 P_j——货运枢纽(物流园区)的“质量”;

d_{ij}——呈竞争关系的项目之间的距离;

k,α,β,γ——参数。

在这之中,影响项目“质量”的因素包括:项目的集疏运交通网密度、项目规模、劳动生产率等。

2. 服务对象判断

服务对象判断是在上述腹地范围界定的基础上,对拟建项目服务的货主企业的类型、特征、规模进行的判断分析。具体来说,首先结合项目定位和交通区位条件,判断当前和潜在的市场空间;其次通过腹地物流市场机会分析,确定项目服务的主要对象及其上下游供应链特征。

二、考虑因素

主要考虑产业经济、交通条件、物流政策、运输组织等因素。

1. 产业经济

一般来说,项目产业经济环境决定了物流规模和类型。市场分析需重点分析项目所在区域社会经济规模与水平、产业类型及货物品类特点、人口空间集聚特征等。例如:重工业发达区域,钢铁、石化、装备制造等企业是拟建项目重要服务对象,对于大宗货物多式联运、堆存、加工的要求较高;轻工业、新型产业发达区域,食品、服务、家电、电子等企业是拟建项目的主要客户,对于集装箱、小件货物仓储、分拣、加工的要求较高;商贸流通集聚区,周边市场中的各类商贸流通企业则是拟建项目服务的主要对象。

2. 交通条件

指项目所在区域的交通区位条件、交通运输资源布局条件等,此条件决定了货物中转集散的规模。如是否临近国省道/城市快速路沿线、高速公路出入口、铁路站场、港口、机场等。一般来说,在铁路、水运、航空等城市对外交通密集的区域,以及主要交通走廊交汇的区域,存在开展不同方式间换装作业、不同方向间货运拆分组合及多式联运需求。

3. 物流政策

指项目所在区域针对物流业发展的财税政策、通关政策、土地规划、产业政策等。通关政策条件是外贸类企业是否纳入项目目标市场的关键,财税政策和产业政策对于项目物流服务对象的规模影响巨大,土地政策则决定了项目土地获取的难度和成本等。

4. 运输组织

指项目所在区域物流及运输服务组织模式。一般来说,以"小、散"为主要业态的区域对于资源整合的需求旺盛;载运工具作业量大且返空率高的区域对于信息互联共享、货物配载的需求旺盛;国际物流规模大的区域对于保税、查验、报关等的需求旺盛;区域转运业态集中的区域对于换装作业、多式联运以及最后一公里配送的需求旺盛。

第三节　物流作业需求分析及预测

一、工作思路

基于对目标市场的判断,确定腹地的物流需求生成总量,并结合市场份额分析判断项目作业规模;同时结合项目作业流程和特点,对各分项作业指标进行预测和补充。

物流作业需求分析关键步骤如图2-4所示，主要包括：腹地物流需求生成分析、项目市场占比分析、具体指标选取与预测。

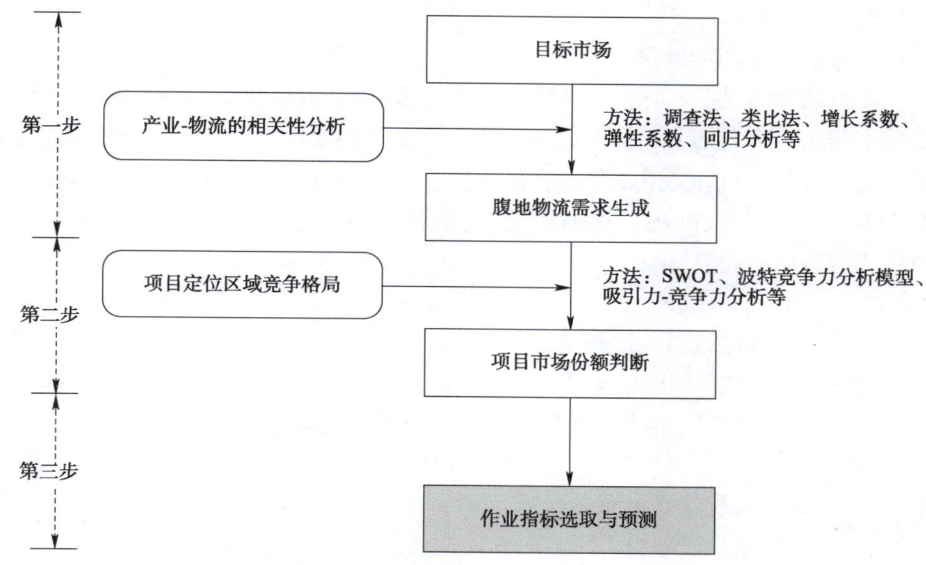

图2-4 物流作业需求分析思路

1. 腹地物流需求生成分析

通过市场调查、统计数据分析、相关研究分析等工作，找出项目腹地经济指标（如GDP、工业增加值、工业总产值、社会零售商品总额等）与货运指标（如各方式货运量）之间的相关关系，并判断腹地物流需求规模未来的发展趋势。

主要预测特征年项目腹地物流需求总规模、细分市场的需求规模（如仓储、运输分拨、货运配载、多式联运）等。可采用类比、增长系数、弹性系数、回归分析等方法。

2. 项目市场份额分析

分析货运枢纽（物流园区）项目的腹地区域的物流竞争格局，判断预测特征年项目的市场份额水平，以此作为作业量预测的基本依据。市场占比分析宜统筹考虑项目腹地的社会经济条件、运输组织模式、同业竞争格局等，并结合项目自身在区位、资源、技术和管理等方面的优劣势，综合判断项目在目标市场中的份额水平。

市场占比分析的方法较多，常见的有SWOT分析、波特竞争力分析模型、吸引力-竞争力分析等。

3. 作业指标的分析和预测

具体作业指标的分析和预测是基于本章第一节中所梳理的各类作业指标，由总及分，根据实际需要，进行量化分析测算的过程。

二、指标分析和预测

(一)总体指标

1. 货物吞吐量指标计算

主要有两个方法:一是计算腹地货运生成总量,一般通过项目在腹地货运运输组织的市场占有率计算,见式(2-2);二是计算腹地各方式货运生成量,通过各方式市场占有率计算吞吐量规模,进而求和计算,见式(2-3)。前者计算环节相对简便,数据需求少;后者能反映项目交通运输特征,便于后续分项指标的计算,但计算相对烦琐,数据获取难度大。

$$C_{total} = Q \times C \tag{2-2}$$

式中:C_{total}——项目货物吞吐量;

Q——预测特征年腹地货运生成量;

C——预测特征年项目在腹地的货运市场占有率。

$$C_{total} = \sum_{i=1}^{n} (Q_i \times c_i) \tag{2-3}$$

式中:C_{total}——项目货物吞吐量;

Q_i——预测特征年第 i 种运输方式的腹地货运生成量;

c_i——预测特征年项目在第 i 种运输方式的腹地货运市场的占有率。

2. 物流作业量指标计算

项目物流作业量的计算是各分项作业量的和,见式(2-4)。

$$Q_{total} = \sum_{i=1}^{n} (Q_i \times k_i) \qquad (i = 1, 2, \cdots, n) \tag{2-4}$$

式中:Q_{total}——项目物流作业量;

Q_i——预测特征年项目第 i 种作业的分项作业量;

k_i——第 i 种作业的作业量折算系数,参数取值可参见《汽车货运站(场)级别划分和建设要求》(JT/T 402—1999)等相关标准。

(二)分项指标

1. 吞吐量分项指标计算

1)各方式吞吐量指标

指项目对外交通方式完成的货物进出量,主要包括公路吞吐量、铁路吞吐量、水运吞吐量、航空吞吐量和管道吞吐量等。该指标决定了项目对外交通方式相关接入设施的规模和布局(如港池、铁路专用线、道路断面及卡口等),以及作业场地规模。

该指标可通过各交通方式的市场占有率和特征年各交通方式的货运量预测结

果综合分析计算。

2)集装箱及国际货物吞吐量指标

指进出项目的集装箱和国际货物吞吐量。由于集装箱作业和海关特殊监管区作业在车辆、流线方面的特殊性,本书建议在可行性研究中对此类货物吞吐量进行单独预测,作为相关道路、卡口、场地的设计依据。预测指标包括集装箱货物吞吐量、国际货物吞吐量等。

指标可通过对腹地市场集装箱和国际货物生成量、项目市场占有率等综合分析计算。

2. 作业量分项指标计算

1)仓储堆存作业指标

指在仓库、堆场存放的货物量。根据货物特征[1]和不同类型仓库服务差异,在实际预测中包括普通仓储量、零担仓储量、冷链仓储量、危化品仓储量、城市配送仓储量、海关特殊监管仓储量、大宗货物堆存量、集装箱堆存量等。

通常采用两类方法进行指标计算:一是通过项目腹地不同类型货物仓储需求和项目市场占有率综合分析计算;二是通过研究项目货物吞吐量中主要货类的入库作业量水平、堆场作业量指标计算。

2)装卸搬运作业指标

指枢纽内开展装卸、搬运等业务的货物作业量。该指标与项目换装作业区、前沿堆场、掏拼箱等作业区的规模直接相关。

指标计算可综合考虑不同货类,结合作业流程特点(如强度、次数等指标)计算项目装卸搬运作业指标。

3)驻站(场)车辆及相关作业指标

驻车需求有三类指标:一是在项目范围内参与生产作业的车辆停车需求;二是项目信息配载带来的停车需求;三是停车场及生活保障服务吸引的车辆停车需求。上述三类指标可通过市场调查、类比等经验方法进行分析,也可基于项目内物流作业规模和特点、信息配载量规模、办公人员规模及司乘公寓入住水平等开展预测。

需要注意的是:车货信息配载量又可细分为三个“量”:一是虚拟交易量,即项目通过电子通信网络等方式为车主、货主提供的货源、车辆及撮合的交易信息规模;二是园内交易量,在项目内(档口等实体设施)完成的信息交易配载规模,可用于计算项目信息配载档口等规模;三是停车量,即停放在项目内等候信息配载的车

[1] 根据《第三次全国物流园区(基地)调查报告》,全国物流园区主要流转商品包括食品、建材、家电、化工、农副产品、钢材、日用品、日化和有色金属等。

辆数。虽然虚拟交易未直接使用项目的硬件设施,但虚拟交易量却是优化运输组织的重要指标,它与项目内车货信息服务企业数量、电子商务系统容量、信息平台诚信机制建设设密切相关;园内交易量与零担仓储规模、零担货物在辐射区域范围内集货能力直接相关。

4)其他作业指标

该类指标主要包括以下两类:

(1)国际物流作业量:主要反映项目开展国际物流的业务规模。结合目前我国海关特殊监管区、口岸实际情况,主要包括海关查验量、国检查验量、出口复进口量等。

海关查验量、国检查验量的计算可通过项目国际货物吞吐量和海关、国检抽样比例综合分析,相关抽样比例参见海关、国检部门的标准。出口复进口量的计算可通过项目腹地出口复进口预测量和市场占有率分析综合判定。

(2)多式联运作业量:主要反映项目开展多种运输方式联运换装等作业的规模。根据当前我国实际,主要包括水陆联运量、公铁联运量、公空联运量等。

多式联运作业量的计算是基于项目货物吞吐量,并结合项目集疏运特征和作业容量限制,通过市场调查、类比等方法综合确定。

第四节　公共服务需求分析及预测

一、工作思路

在市场分析的基础上,以物流作业需求分析为基础,通过类比、访谈、调查等方法,分析拟建项目公共服务需求的类型、规模和特征,如图 2-5 所示。

本书推荐常见的四类公共服务需求分析方法:

1. 类比法(标杆法)

参照行业内标杆项目的做法,进行有关公共服务需求的分析判断。此方法的关键在于需要根据项目的功能定位、业务类型选择合适的标杆对象进行参照。

2. 物流作业衍生分析法

公共服务需求在一定程度上可视为物流作业需求的"衍生需求"。故可通过对拟建项目物流作业开展进一步的延伸分析,推断出有关支撑生产作业的基础性、共用性设施和服务。

1)单一公路方式主导的项目

此类项目主要为货主提供货代、运输、甩挂、仓储保管、配送、货物配载等物流业务,相应的公共服务需求可包括公共信息配载、办公用房租赁、公共仓储设施租赁、交叉换货(越库作业)场地租赁、停车、住宿、工商税务等设施设备和相应服务。

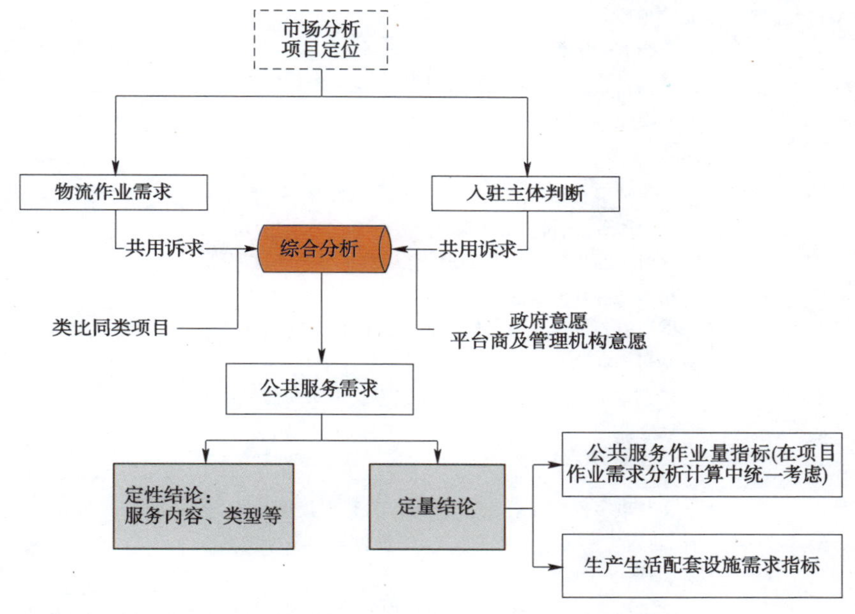

图2-5 货运枢纽(物流园区)项目公共服务需求分析思路

2)多交通方式(至少两种)连接的项目

此类项目主要为货主提供多式联运、区域中转、分拨集散、货代船代、国际物流等业务,相应的公共服务需求可包括铁路专用线接入、多式联运换装、集装箱和散货堆场、车辆停放场地、公共信息平台、海关监管、保税仓储等服务和相应的设施设备。

3.入驻企业诉求分析法

指以入驻企业特征为出发点分析项目的公共服务需求的方法。一般来说,拟建项目的入驻企业以运输、配送、仓储等物流企业为主,也包括一定的信息、物流增值(如物流金融等)服务等类型的公司。实际操作中可通过调查、访谈、问卷等形式了解企业诉求。本书给出常见的入驻企业公共服务需求特征,见表2-7。

入驻企业类型与需求特征参考表　　表 2-7

项目入驻企业类型	企业特征	公共服务需求特征
运输型物流企业	①以从事运输业务为主,包括快递服务等,具备一定规模; ②可为客户提供点到点运输服务和供应链服务等其他增值服务; ③自有一定数量的运输工具和设备; ④具备信息服务功能,应用信息系统可对运输货物进行状态监控、查询	①铁路专用线; ②多式联运设施; ③集装箱、散货堆场; ④停车场; ⑤公共信息平台; ⑥甩挂作业平台; ⑦办公用房
仓储型物流企业	①以从事仓储业务为主,为客户提供储存、保管、中转等仓储服务,具备一定规模; ②可为客户提供分拨、配送、流通加工等服务,以及供应链服务等其他增值服务; ③自有一定规模的仓储设施、设备,自有或租有必要的货运车辆; ④具备信息服务功能,应用信息系统可对仓储货物进行状态监控、查询	①普通仓库(非自用); ②停车场; ③公共信息平台; ④办公用房
综合服务型物流企业	①从事多种物流服务业务,可以为客户提供运输、仓储、货运代理、配送、流通加工、信息服务等多种物流服务,具备一定规模; ②可为客户制定整体性物流运作方案,为客户提供合同性的综合物流服务,以及供应链服务等其他增值服务; ③自有或租用必要的运输工具、仓储设施及相关设备; ④具有一定市场覆盖面的货物集散、分拨、配送网络; ⑤具有良好的客户服务体系,能及时、有效地提供客户服务; ⑥具备信息服务功能,应用信息系统可对物流服务全过程进行状态监控、查询	①铁路专用线; ②多式联运设施; ③集装箱、散货堆场; ④停车场; ⑤公共信息平台; ⑥海关国检等设施; ⑦办公用房

注:资料来源于《物流企业分类与评估指标》(GB/T 19680—2013)。

4. 公共机构利益分析法

主要通过座谈、问卷等方式,了解项目所在地区行业管理部门、项目本身的平台商管理机构等的发展意愿,如改善投资环境、优化运输组织模式、降低社会物流成本、拉动相关产业等。实际操作中，规模较大的项目（多交通方式（至少两种）连接、具备口岸功能等）往往体现了政府通过构筑良好物流服务体系推进区域经济发展的思路，由此带来多式联运设施、海关、口岸、保税、会展、交易、高端商务等资源的配置和相关政策的适度倾斜。因此，也可将其作为项目公共服务需求分析的重要补充。

二、结论形式

拟建项目公共服务需求分析的结论包括定性、定量两个方面：定性结论主要指对服务内容、类型的分析判断；定量结论主要指公共服务作业量、生产生活配套服务设施的规模水平等。

定性部分通常提出拟建项目所需的配套服务机构类型、公共作业场地、设施设备及相应服务等，如海关、边检、税务、工商、交通、运政等政务服务机构、多式联运设施、铁路专用线以及公共信息平台、金融、维修、会展、食宿等。定量部分一方面要提出具备公共服务特征的物流作业需求规模（此部分实际在物流作业需求分析中已有体现），另一方面需针对支撑生产作业和生活配套的公共服务需求进行量化预测，主要包括办公人数、用餐人数、住宿人数、故障车辆数等。

实际分析过程中，建议结合既有货运枢纽（物流园区）项目建设实践经验、交通运输部和住房与城乡建设部相关标准、规定进行测算。如《办公建筑设计规范》（JGJ 67—2016）、《铁路房屋建筑设计标准》（TB 10011—2012）、《汽车货运站（场）级别划分和建设要求》（JT/T 402—1999）、《集装箱公路中转站级别划分、设备配备及建设要求》（GB/T 12419—2005）、《铁路车站及枢纽设计规范》（GB/T 50091—2006）等，也可采用实地调研、类比等方式，推算相关参数或者直接分析公共服务需求。

第五节 其他需要说明的问题

（1）项目的货物吞吐量和作业量是非常重要的技术参数，它决定着项目建设的规模与水平，也是项目市场战略发展方向的重要依据。目前国内对于货运枢纽（物流园区）类项目需求预测模型与计算方法仍处在探索阶段。同时，目标市场分析、物流作业需求和公共服务需求预测的理论方法体系尚未形成。本书中提出的相关分析和预测方法仅是实践工作中的归纳总结，在实际应用中宜由技术人员根据情况慎重选用和调整。

（2）我国幅员辽阔，地区间发展差异较大，各地货运枢纽（物流园区）项目存在显著的差异。本书结合已有行业实践,重点关注了货运功能突出的货运枢纽(物流园区)项目的共性特征和需求分析及预测方法,在实际应用中宜由技术人员根据地区差异和项目的功能定位慎重选用和调整。

(3)需求预测涉及的指标众多,其间存在复杂的关联。在相关指标的预测过程中应注意指标的相互印证,避免出现不一致、不匹配情况。

(4)货运枢纽(物流园区)项目对能源、交通资源、水资源等条件具有较强的依赖性,指标的分析预测应遵循国家相关规范和标准,满足资源的约束。

第三章　建设规模

建设规模是指货运枢纽(物流园区)项目在设定的年份(一般指项目设计年度,也称设计年限)内为满足生产能力需求所提供的设施总规模。它是确定项目建设方案、进行投资估算的重要参数。生产能力指标是确定项目建设规模的核心指标。货运枢纽(物流园区)建设规模一般包括用地规模和建设规模。货运枢纽(物流园区)用地规模是指项目红线范围内总占地规模;建筑规模是指项目范围内建筑物的建筑面积之和。

第一节　概念和指标

一、作业能力指标

货运枢纽(物流园区)项目作业能力指标包括项目设计年度吞吐量、作业总量及分项作业量等。具体作业能力指标要根据项目入驻主体类型进行选取,一般常用的典型作业能力指标见表3-1。拟建项目作业能力指标的预测参考本书第二章。

项目建设规模测算所需作业能力指标　　表3-1

表现形态		入驻主体类型	对应的典型作业能力指标
建筑物	仓库	一般仓储企业、供应链管理企业	普通仓储量
		城市配送企业	城市配送仓储量
		保税物流企业、海关,等	海关特殊监管仓储量等
		农产品、冷链物流企业	冷链仓储量
		危化品运输企业	危化品仓储量
		零担货代企业	零担仓储量
	信息交易厅	信息配载企业、第三方物流企业	园区信息配载量、驻站(场)停车量等
	一站式服务大厅	海关、国检、交警、工商、税务、运管、银行、保险	—

续上表

表现形态		入驻主体类型	对应的典型作业能力指标
构筑物	堆场	集装箱运输企业、船公司、码头公司	集装箱堆存量、大宗散货堆存量、海关、国检查验货物量等
	停车场	装卸、查验、运输、换装、驻站、商务车辆	驻站(场)停车量、办公及商务等停车数等
	换装、装卸作业区	公水、水铁、公铁、公航换装场地、装卸作业区	多式联运作业量(含各方式分项)、装卸服务、搬运服务作业量等
	散货堆场	散货堆场、散货大棚	大宗货物堆存量等
生活配套设施		餐饮、住宿企业、加油、加气、汽修	用餐人数、住宿人数、故障车辆数驻站(场)停车量等

二、建设规模指标

建设规模一般包括用地规模和建筑规模。

1. 用地规模

货运枢纽(物流园区)项目的占地规模是建筑占地规模、构筑物占地规模和市政配套设施用地规模之和。其中,建筑占地规模是项目内所有建筑物(不含构筑物)的占地面积之和,可用来判断项目容积率(即建筑占地面积与规划用地面积之比)是否满足项目用地及规划部门的规定;构筑物占地规模主要为堆场、停车场、换装作业区、装卸作业区等所有构筑物的占地面积之和;市政配套设施用地规模是交通条件用地(如道路用地、铁路专用线用地)、绿化用地、市政管网用地等所有市政配套设施的面积之和,一般应根据项目用地构成和国家规定合理配置。

货运枢纽(物流园区)项目的占地规模是确定项目征地的重要依据,一般在规划(如立项、预可研等)阶段已进行匡算,在项目可行性研究的前期阶段,可用来判断项目用地需求能否满足年度货物吞吐量和物流强度的设计要求,并合理划分项目内用地功能,保障项目物流作业设施用地。

2. 建筑规模

项目建筑规模是物流作业的建筑物、配套行政办公和生活服务设施及有关附属设施(变电所、泵房等)的建筑面积之和,包括用于物流作业的建筑物的建筑面积、具有支撑柱体和实体台面的构筑物(如仓库外侧的装卸作业平台、园区的高架通道等)台面面积、配套行政办公、生活服务设施建筑面积,为确定建筑密度(即建筑总面积与规划用地面积之比)提供依据。建筑规模一般根据物流作业总量及分项作业量需求规模进行测算确定。

第二节 用地规模

一、测算依据

参照有关国家标准及规范要求，物流园区、物流中心、货运站项目有关现行规定中对用地规模的要求见表 3-2。

现有标准规范对项目用地规模的规定 表 3-2

<table>
<tr><th>站场类型</th><th>计算规范</th><th>总用地面积规定</th><th colspan="2">对配套行政办公、生活设施的规定</th></tr>
<tr><td rowspan="3">物流园区</td><td rowspan="2">《物流园区分类与基本要求》(GB 21334—2008)❶</td><td rowspan="2">单个物流园区总用地面积宜不小于 1km²</td><td rowspan="2">所配套的行政办公、生活服务设施用地面积，占园区总用地面积的比例</td><td>货运服务型和生产服务型不大于 10%</td></tr>
<tr><td>贸易服务型和综合服务型不大于 15%</td></tr>
<tr><td>《物流园区服务规范及评估指标》(GB/T 30334—2013)</td><td>经过政府审批、已投入物流园区开发的用地面积不小于 0.5km²</td><td>物流运营面积(不含生活配套和商务配套用地)占物流园区占地面积比例</td><td>不小于 50%</td></tr>
<tr><td rowspan="2">物流中心</td><td rowspan="2">《物流中心分类与基本要求》(GB 24358—2009)</td><td rowspan="2">无</td><td colspan="2">配套的行政办公及生活服务设施总用地面积不应超过物流中心总用地面积的 10%</td></tr>
<tr><td colspan="2">物流中心的建筑密度(建筑物、构筑物、堆场的占地面积之和占总用地面积的比例)应不低于 40%</td></tr>
<tr><td>货运站</td><td>《汽车货运站(场)级别划分和建设要求》(JT/T 402—1999)、《集装箱公路中转站级别划分、设备配备及建设要求》(GB/T 12419—2005)</td><td>无</td><td colspan="2">无</td></tr>
</table>

❶ 根据修订的《物流园区分类与基本要求》(2016 年 6 月征求意见稿)，单个物流园区总用地面积调整为宜不小于 0.5km²，并在物流园区类型上增加了口岸服务型，规定了口岸服务型物流园区所配套的行政办公、生活服务设施用地面积占园区总用地面积的比例不大于 10%。

进行项目用地需求规模测算时,需要明确的主要结论是:项目总用地面积以及物流作业区面积(从事物流作业的用地面积,包括仓库、堆场、流通加工设施、停车场、装卸搬运等物流作业场地)。此外,还需注意测算市政配套设施用地(市政用地、绿化用地)及支撑生产和生活配套的设施用地。

需要注意的是,现有规范标准仅为物流作业功能的一般性要求,未包含货运枢纽(物流园区)项目所依托的交通条件、产业条件等用地,不能完全体现出用地总规模及相关构成,应根据项目的实际需要适当增减用地需求指标。

二、测算思路

一般情况下,在前期可行性研究阶段,货运枢纽(物流园区)项目用地总规模往往在所在城市片区的控制性详细规划中已经确定,通常是以国土部门"用地预审意见"或城市规划部门"选址意见书"中的项目用地指标形式反映,土地性质可为仓储用地、物流用地、工业用地、公共设施用地、交通设施用地等,原则上为非商业用地(商业用地包括零售商业用地、批发市场用地、餐饮用地、宾馆用地等),参见《城市用地分类与规划建设用地标准》(GB 50137—2016)、《土地利用现状分类》(GB/T 21010—2015)。因此,项目用地规模测算可按不同工作阶段分以下两种情况处理:

第一种情况:项目可行性研究阶段。项目总用地面积指标在规划阶段已经由项目所在地政府批准的项目所在片区控制性规划、项目修建性详细规划等确定,或以国土部门的"用地预审意见"、城市规划部门的"选址意见书"或"建设用地规划许可"等方式提供,作为控制项目用地规模的依据。因此,项目可行性研究阶段的主要任务是确定项目用地范围内各功能区的用地比例结构和使用用途,主要包括项目物流功能作业区占地规模、园区道路、市政、绿化用地比例等。

第二种情况:项目规划(如立项、预可研等)阶段。项目主管部门或项目业主需要向城市规划部门、国土部门提出用地规划申请,根据项目特征合理计算项目用地,便于政府土地规划审批部门决策。

无论何种情形,项目总用地规模的确定均要结合项目入驻主体、服务对象、服务类型综合考虑和论证,并根据有关标准、规范研究明确用地界限范围,并需研判是否包括依托的交通条件(港口、机场、口岸保税区)、产业条件(工业基地、生产基地)等的占地面积。

三、影响因素

用地需求测算有两个作用:一是在规划阶段,合理判定项目实际用地需求,便于规划、国土部门审查决策;二是在项目用地规模已确定的前提下,合理确定项目内用地结构,保证项目物流作业功能区用地。影响货运枢纽(物流园区)项目用地规模的因素如下:

1. 项目规划(如立项、预可研等)阶段用地影响因素

(1)项目定位,即项目在区域经济社会发展中的作用;

(2)项目服务的主要产业、可能入驻对象、物流作业的货种货类;

(3)项目的主要功能(如区域分拨、公路港、国际陆港、城市配送等)和预测的货物吞吐量;

(4)项目对交通、市政条件的要求。

上述因素的研究,在本书前述章节均有描述。在此基础上,参照国内外现有的物流园区及相关货运站场用地规模指标,合理确定项目总用地规模。

2. 项目可行性研究阶段用地影响因素

当项目用地在城市片区的控制性详细规划中已经确定时,项目可行性研究阶段主要确定以下四方面内容:一是研究项目内用地结构,如物流作业用地、道路用地、配套服务、绿化用地等,主要考量项目土地结构在符合国家规定的前提下是否可以满足物流作业需求;二是具体测算不同功能区的用地指标;三是核查在整个项目中提供公共服务的区域的用地规模与比例,其服务功能是否符合相关政策和管理(如发改、交通等行业支持政策等)要求;四是按照权属利益关系界定项目用地使用类型,便于核算成本与投资。因此,项目可行性研究阶段用地规模确定过程中需要考虑以下因素:

(1)区分物流作业区域与提供公共服务区域的建筑规模、用地规模;

(2)区分市政、绿化用地规模;

(3)在物流作业区域内,区分租赁、出售、公共服务用地规模;

(4)按照入驻主体需求,合理测算作业区用地规模。

四、测算内容和计算方法

用地规模需求测算主要涉及两个指标:一是用地规模总需求;二是项目内各地块用地结构比例。

1. 用地规模总需求测算

货运枢纽(物流园区)用地规模总需求一般按照公式(3-1)进行计算:

$$\text{用地规模} = \frac{\text{项目货物吞吐量}}{\text{物流强度}} \tag{3-1}$$

式中：　　　　　　　　　用地规模——单位：km^2；
设计年度项目货物吞吐量(设计能力)——单位：万 t；
　　　　　　　　　　　　物流强度——单位：万 t/(km^2·年)。

物流强度指标可参照国家相关规范及国内外货运枢纽(物流园区)实际运作经验进行综合确定。《物流园区分类与基本要求》(GB 21334—2008)对不同类型的物流园区给出了推荐的物流强度值，见表3-3。《国家公路运输枢纽建设规模研究》的调研结论中指出，我国货运站场的远景设计物流强度平均在1000万t/(km^2·年)左右。通过搜集国外物流园区相关数据(见表3-4)，各国物流强度的平均值分别为：日本779万t/(km^2·年)、德国828万t/(km^2·年)。根据对国内外货运枢纽(物流园区)实际运作经验总结，物流强度有逐步提高的趋势，稀缺的土地资源要求物流作业日趋集约化。因此，物流强度指标将随着物流作业水平的不断提高而有所上升。

国内现有规范对物流强度的规定　　表3-3

物流园区类型	类型划分	园区物流强度[万t/(km^2·年)]
货运服务型	空港型	≥50
	海港型	≥1000
	陆港型	≥500
生产服务型		≥150
商贸服务型		≥100
综合服务型		≥250

注：资料来源于《物流园区分类与基本要求(GB/T 21334—2008)》。

国外典型货运枢纽(物流园区)物流强度指标　　表3-4

国家	物流园区	占地面积(公顷)	年货物吞吐量(万t)	物流强度[万t/(km^2·年)]
日本	和平岛货物集散中心	22.3	201	900
	东京足立物流园区	33.3	304	912
	东京京滨物流园区	62.9	374	594
	东京越谷物流园区	49.2	291	591
	铁路货物集散中心	143.9	1200	833

续上表

国家	物流园区	占地面积（公顷）	年货物吞吐量（万 t）	物流强度［万 t/(km² · 年)］
德国	科雷斯顿物流园区	27	382	1415
	科隆集装箱物流园区	87	521	599
	汉堡港口货运中心	90	730	811
	斯图加特物流园区	53	193	364
	不来梅物流园区	100	230	230
	奥格斯堡物流园区	92	1430	1550

对于民生利益攸关的货运枢纽站场，如城市共同配送、农副产品转运中心、危化产品管理站等可参照交通运输部颁布的行业标准《汽车货运站（场）级别划分和建设要求》（JT/T 402—1999）、《集装箱公路中转站级别划分、设备配备及建设要求》（GB/T 12419—2005）提出的建设要求进行测算。

货运枢纽（物流园区）的用地规模应符合相关标准规定，但不鼓励一味求大。《物流园区分类与基本要求》（GB 21334—2008）给出的物流园区总用地面积推荐值是不小于 1km²，《物流园区服务规范及评估指标》（GB/T 30334—2013）和《物流园区分类与基本要求》（修订）（征求意见稿）给出的物流园区总用地面积推荐值是不小于 750 亩（约 0.5km²）。从我国货运枢纽（物流园区）发展实际情况看，根据中国物流与采购联合会发布的《物流园区运营统计分析报告（2015）》统计数据，在 100 家物流园区中，实际占地面积在 150 ~ 750 亩（0.1 ~ 0.5km²）的物流园区占 63%，750 ~ 2000 亩（约 0.5 ~ 1.33km²）的物流园区占 22%。根据交通运输部"十二五"货运枢纽（物流园区）规划建设情况评估，物流园区项目占地面积多为 750 亩（0.5km²）以上，物流中心、货运站项目占地面积多为 200 亩（约 0.13km²）以上。

2. 项目内用地结构比例的测算

项目内用地结构比例主要是参照环保部门、住建部门的规定，在满足物流作业服务要求的前提下，对项目内市政用地、绿化用地的比例进行控制。

1）绿化用地

《城市绿化规划建设指标的规定》（建城〔1993〕784 号）要求交通枢纽、仓储、商业中心等绿地率不低于 20%。因此，除利用项目内部空余地带（如道路两旁、建筑物边等）进行绿化外，还有 15% ~ 20% 的地带应专设为绿化用地。国内典型货运枢纽（物流园区）项目绿化用地比例见表 3-5。

2）道路用地

目前我国尚无专门的货运枢纽（物流园区）项目道路设计标准规范，项目的道路等级、红线宽度及车道数确定方法可参考既有城市道路设计规范,按照市政道路处理。如《城市用地分类与规划建设用地标准》(GB 50137—2016)和《城市道路交通规划设计规范》(GB 50220—1995)均有提及,一般要求物流园区道路面积占总建设用地面积的8%~15%(大型物流园区道路面积占比为12%~15%),园区内主干道可按《城市道路工程设计规范》(CJJ 37—2012)分为主干路、次干路等。此外,对于承担区域间、省际物流活动的货运枢纽(物流园区)项目,考虑到大型货车、中型货车在进出项目的车辆中占比较高,建议项目的道路参照《公路工程技术标准》(JTG B01—2014)设计,如主干路道路标准可设计为双向4车道(大型物流园区可设6车道),最小转弯半径不小于15m,次干道可设计为双车道,辅助道路为单车道,每车道宽3.5m,单侧净空0.5m。

国内典型货运枢纽(物流园区)项目的道路、广场等市政用地比例见表3-5。

国内典型货运枢纽(物流园区)用地相关指标 表3-5

类型		项目名称	用地面积(公顷)	货物吞吐量(万t/年)	物流强度[万t/(km^2·年)]	道路、广场等市政用地比例(%)	绿化用地比例(%)
多交通方式连接的货运枢纽(物流园区)项目	空陆联运型	厦门航空港工业与物流园区(一期)	16.68	490	2936	21.6	15.6
	水陆联运型	辽宁营口沿海产业基地交通物流园区	60.7	954	1572	31.2	13.1
	公铁联运型	桂中海迅柳北物流基地(柳州鹧鸪江物流园区)	26.89	400	1488	22.3	20.9
		云南腾俊东盟多式联运仓储物流园区	99.53	1300	1306	14.8	18.6

续上表

类型		项目名称	用地面积（公顷）	货物吞吐量（万t/年）	物流强度［万t/(km²·年)］	道路、广场等市政用地比例（%）	绿化用地比例（%）
多交通方式连接的货运枢纽（物流园区）项目	公铁联运型	宁夏中宁物流园区	65	615	946	10.8	20
		厦门前场物流园区（一期）	59.63	1120	1878	19.3	19
		中国西部现代物流港西部铁路物流园	55.4	420	758	14	19.5
单一公路方式主导的货运枢纽（物流园区）项目		福州晋安物流中心	11.3	635	5619	15.9	22.1
		德州金茂源物流园	20.52	204.4	996	41.4	14.6
		金牛山物流中心	30	480	1600	30.2	22.5
		河南安阳物流港	45.9	495	1078	38.8	13.7
		十堰许家棚物流园	13.85	187	1350	16.3	23
		长沙实泰黄兴物流中心	36.13	1217.37	3369	13.5	9.8
		达州公路物流港	49.54	440	888	39.9	10.3
		深圳华南国际物流中心（一期）	53.4	1300	2434	23.6	18
		台州市物流园区（台州市物流发展交易中心建设工程）	21.13	300	1346	36.6	20
		中俄国际文化物流经贸产业园货运枢纽中心（一期）	17.5	150	857	8	11.8
		四川广运现代物流中心	17.8	283	1590	24	20.6

注：资料来源于厦门航空港工业与物流园区（一期）等上述货运枢纽（物流园区）项目可行研究、资金申请报告。

从项目用地指标看，绿化用地面积占项目总用地面积的比例多在10%～25%，道路、广场等市政用地面积占项目总用地面积比例多在10%～20%。从项目类型看，公路港项目内车辆进出频繁，因此道路等市政用地面积占项目总用地面积比例较高，如德州金茂源物流园、安阳物流港、达州公路物流港等项目道路用地面积占比达到30%以上。

3)铁路专用线、支线及附属设施用地

具有公铁、公铁水联运条件的货运枢纽(物流园区)项目,一般须设立铁路专用线或支线。根据《汽车货运站(场)级别划分和建设要求》(JT/T 402—1999),临近铁路线并有较大公-铁联运作业量的一、二级汽车货运站可引设铁路专用线,三、四级或无条件的货运站可不设置。铁路专用线用地、铁路装卸场用地等计算可参考《铁路专用线专用铁路管理办法》(铁道部,1995年9月1日)和《铁路线路设计规范》(GB 50090—2006),也可参考同类项目进行测算。

4)发展预留区域

考虑项目发展过程中的不可预见因素的影响,国内外一些项目为了未来发展和业务拓展,通常会预留3%~5%的空地用于远期发展,近期可作为绿化或其他简易建筑用地。

5)其他

项目可行性研究阶段除了明确市政、绿化用地的比例外,还应关注为物流生产作业提供配套服务设施的占地面积。为了防止借发展货运枢纽(物流园区)之名圈地进行商业开发等行为,《物流园区分类与基本要求》(GB 21334—2008)和《物流中心分类与基本要求》(GB 24358—2009)对物流园区所配套的行政办公、生活服务设施用地面积,占园区总用地面积的比例有严格明确的最低要求:货运服务型、生产服务型和口岸服务型应不大于10%,贸易服务型和综合服务型应不大于15%。一般物流作业运营占地面积应控制在项目总占地的50%以上。

第三节 建筑规模

一、测算依据

1. 物流作业量

物流作业量是测算建筑规模依据的主要指标,是拟建项目将要开展的物流活动中所包括的运输、储存、装卸、搬运、包装、流通加工、配送等各个作业环节产生的货物作业量的集合。各分项作业量是确定拟建项目内具体设施建筑规模的依据。作业量总体及各分项指标预测方法参照本书第二章。

2. 设计年限的选取

参照本书第二章,一般取项目运营后第10年为设计年限。结合住建部门对建筑设施使用寿命的要求和建设实践,大型货运枢纽(物流园区)项目的设计年限可适当延长，取项目运营后第 15 或 20 年为设计年限。

二、测算内容和计算方法

货运枢纽（物流园区）项目运作方式多样，不少项目采取分地块租赁或出售的方式交给入驻企业自行开发，这部分地块的建筑规模可参照既有行业规定，满足企业自身发展要求、符合基本规范要求即可。本书提出的建筑规模测算主要是分析货运枢纽（物流园区）项目内提供社会化公共服务的建筑设施规模，即基础共用的生产服务设施（含生产辅助设施）以及配套行政办公及生活设施，提出相关建筑规模的计算方法。

从实际运作来看，上述所谓社会化公共服务的建筑设施实质也可以由市场化私营机构提供。本书仅从区分投资主体的角度，大体罗列可由项目平台管理商或政府管理机构投资提供的基础性、共用性建设内容，以便于开展相应项目可行性分析。通常这些基础性、共用性生产服务设施包括仓库、货棚、集装箱堆场、货场、装卸作业场地、停车场、加油加气维修车间等。口岸服务型项目在基本生产服务设施的基础上，配置一定的海关监管、围网、保税功能设施。配套行政办公及生活设施主要包括行政办公、海关办公用房和生活服务设施等。

货运枢纽（物流园区）设施建筑规模的测算，既要根据《建筑工程建筑面积计算规范》（GB/T 50353—2013），确定计入建筑面积的建筑设施（不仅包括建筑物，还包括部分具有围护结构的构筑物）及其形式（如立体车库、立体仓库），又要从不同的设施功能（如普通仓库、冷链仓库）出发，选取相应的设计规范，以界定合理规模。需要注意的是，根据《建筑工程建筑面积计算规范》（GB/T 50353—2013），当项目内建筑物结构层高在 2.2m 及以上时，应将全部面积作为建设规模计算；结构层高在 2.2m 以下时，应仅计算 1/2 建筑基底面积；地下室、半地下室仍按照上述规定计算建筑面积；建筑物的门厅、大厅应按地面一层计算建筑面积。

（一）生产服务设施

生产服务设施包括仓库（如零担库、仓储库、配送库、受理库、保税库、查验库、加工库、集装箱拆装箱库、冷冻库与储藏库、甩挂作业库等）、货棚、信息交易厅等建筑物，堆场、装卸搬运区、停车场、清洗集装箱场等构筑物，以及修理车间、加油站、检修维修车场（封闭空间建筑物）、一站式服务大厅等生产辅助服务设施等。

根据《建筑工程建筑面积计算规范》（GB/T 50353—2013），若仓库、停车库为立体形式，则有围护结构时应按其围护结构外围水平投影面积计算建筑面积，无围护结构、有围护设施时应按其结构底板水平投影面积计算建筑面积；无结构层时应按一层计算，有结构层时应按其结构层面积分别计算；结构层高在 2.2m 及以上时，应计算全面积;结构层高在 2.2m 以下时,应计算 1/2 面积。有顶盖无围护结构的车棚、货棚、站台、加油站、收费站等,应按其顶盖水平投影面积的 1/2 计算建筑面积。

1. 仓库

仓库主要是根据货物属性差异,有针对性地提供储存、搬运、库存管理等物流服务,同时为到达货物提供验收服务,为进出货作业提供场所等。项目中的仓库形式差不多,建筑面积需求主要是根据服务对象功能要求、货物进出频率、周转次数、库存时间来测算。

1)普通仓库

根据《通用仓库及库区规划设计参数》(GB/T 28581—2012),单体仓库建筑面积宜不小于 1 万 m^2。普通仓库按照项目库区整体规划、储存货物种类、数量、周期及其作业流程等因素,可分为中转库、零担库、集装箱拆装箱库等。不同类型仓储设施规划计算方法见表 3-6。

仓储设施计算方法　　表 3-6

仓储设施	影响因素	可参考的规范	需要指标
中转库	日均中转货物最大作业量、入库系数、中转储存期、平均每吨货物占地面积、面积利用系数	《汽车货运站(场)级别划分和建设要求》(JT/T 402—1999)	中转作业量
一般仓库(含零担库、电商仓储库)	日均仓储货物最大作业量、货物平均储存期、平均每吨货物占地面积、面积利用系数	《汽车货运站(场)级别划分和建设要求》(JT/T 402—1999)	仓储量、零担作业量
集装箱拆装箱库	日均拆装箱数量、每箱货物平均重量、货物平均堆存期、堆存每吨货物所需面积、面积利用系数	《集装箱公路中转站级别划分、设备配备及建设要求》(GB/T 12419—2005)	集装箱作业量

注:面积利用系数与仓库内部结构、通道设置、作业设备等有关。

2)冷链仓库

冷链仓库除了按照冷链仓储作业量计算外,还需要根据《冷库设计规范》(GB 50072—2010),考虑每座冷库冷藏间的耐火等级和最多允许层数、单位面积仓储货物种类对地面荷载的要求、冷冻冷藏区域占比系数等,尤其注意防火分区的最大允许建筑面积。

3)保税仓库或海关监管仓库

按照《中华人民共和国海关对保税物流中心(A 型)的暂行管理办法》(中华人

民共和国海关总署令第129号)、《中华人民共和国海关对保税物流中心(B型)的暂行管理办法》(中华人民共和国海关总署令第130号)以及《海关总署关于印发〈海关特殊监管区域基础和监管设施验收标准〉的通知》(署加发〔2007〕143号)有关规定,保税物流中心(A型)分为公用型和自用型两种:公用型物流中心的仓储面积,东部地区不低于2万m^2,中西部地区不低于$5000m^2$;自用型物流中心的仓储面积(含堆场),东部地区不低于$4000m^2$,中西部地区不低于$2000m^2$。保税物流中心(B型)仓储面积,东部地区不低于10万m^2,中西部地区不低于5万m^2。

口岸服务型物流园区一般需要建设海关监管或保税仓库。①根据海关总署令第105号(中华人民共和国海关对保税仓库及所存货物的管理规定),公用保税仓库面积最低为$2000m^2$;液体危险品保税仓库容积最低为$5000m^3$;寄售维修保税仓库面积最低为$2000m^2$;保税仓储货物存储期限为1年。②根据《中华人民共和国海关对出口监管仓库及所存货物的管理办法》(中华人民共和国海关总署令第133号),出口监管仓库是具有专门存储货物的场所,其中出口配送型仓库的面积不得低于$5000m^2$,国内结转型仓库的面积不得低于$1000m^2$。

4)流通加工(分拣加工)、配送设施

流通加工区是为货物提供切割、清洗、包装、贴标签、分装等简易加工服务的区域,流通加工设施规模主要与流通加工作业量、单位面积容纳货物体积、货物性质、堆放方式、堆存层数、平均作业时间以及面积利用系数有关。

配送区主要为货物提供集货发货、暂存、分拣配货、装卸搬运、中转与联运等物流服务,通过集中配送的方式,提高物流作业效率与效益。配送设施规模主要与货物配送量、单位面积容纳货物体积、货物性质、堆放方式、堆存层数、平均作业时间以及面积利用系数有关。配送区的装卸搬运、中转联运设施规模按照装卸搬运作业场进行计算。

2. 堆场

1)集装箱堆场

集装箱堆场包括集装箱空、重箱堆场、货物堆场等,按照货类可划分为重、空集装箱、保温箱、危险品箱的堆存区。集装箱堆场规模可参照《集装箱公路中转站级别划分、设备配备及建设要求》(GB/T 12419—2005)附录中的公式计算。

2)散货堆场(货场)

散货堆场(货场)主要包括中转货场和仓储货场。中转货场主要与日均中转货物最大吞吐量、中转储存期、入场系数、平均每吨货物占地面积、面积利用系数有关;仓储货场主要与日均仓储货物最大吞吐量、货物平均储存期、入场系数、平均每吨货物占地面积、面积利用系数有关。具体计算公式详见《汽车货运站(场)级别划分和建设要求》(JT/T 402—1999)附录。

3. 装卸搬运作业区

1)拆装箱作业场

集装箱拆装箱作业分为单面作业和双面作业,主要与拆装库总长度、运输车辆的长度有关,具体计算公式详见《集装箱公路中转站级别划分、设备配备及建设要求》(GB/T 12419—2005)附录。

2)装卸作业场

普通装卸作业场也可分为单面作业和双面作业装卸场,主要与仓库总长度和运输车辆长度有关。注意双面作业相向距离应控制在不少于45m间距,以保证作业秩序和运输车辆的转向要求。装卸作业场也作为多式联运货物换装接驳场地。

4. 停车场

停车场一般分为客车和货车停车场。客车停车场主要满足货运枢纽(物流园区)管理、入驻企业办公、政府一站式办公服务停车需求。货车停车场根据项目的服务功能设置。多交通方式连接的项目,如以铁路、海港、空港为主配套服务的物流园区,停车场一般临近装卸作业场地布置;公路港型物流园区,停车场需要考虑临近信息交易服务区或住宿区;以危化产品运输为主的停车场,要临近装卸作业区并与其他车辆停放区之间留有安全距离。各停车场规模测算可按照《汽车货运站(场)级别划分和建设要求》(JT/T 402—1999)附录中的停车场计算公式。

5. 检修维修车场等生产辅助服务设施

主要包括维修维护设施、动力设施、供水供热设施、环保设施等,规模主要是根据服务对象的规模和实际情况而定,一般为项目总建筑规模的5%~8%。

6. 物流业务办公设施

业务办公设施主要包括货主办理货物托运或仓储受理手续、提货手续的场所、信息配载交易大厅、信息管理中心、生产调度办公室以及政府工商、税务、银行、保险等一站式办证服务办公室,一般设立综合服务大楼。口岸服务型物流园区还包括由海关、检疫、商检、商务等部门构成的国际联运代理业务办公室。《汽车货运站(场)级别划分和建设要求》(JT/T 402—1999)附录中给出了计算公式,但未给出每人所需面积;根据《集装箱公路中转站级别划分、设备配备及建设要求》(GB/T 12419—2005),业务办公室所需面积为6~8m^2/人,生产调度、信息中心、联合办公用房所需面积为8~10m^2/人。

需要说明的是,对于公路港型的物流园区,信息配载交易大厅在建筑上主要包括车货信息交易档口、信息发布大厅、信息管理办公用房。信息发布大厅是货主及货代企业发布信息和查询物流企业及司机信息的场所,主要与信息配载量以及单位作业面积（一般为 3 ~ 6m²）有关，随着手机等智能终端的影响，未来进入交易大厅的司机数量将会减少，单位配载量所需面积也将逐步减少；车货信息交易档口为货代或物流企业咨询和交易提供场所，主要与入驻货代及物流企业业务办理点数量、咨询和交易的企业数量调整系数、业务办理所需使用面积有关；信息管理办公用房根据规范，所需面积一般为 8 ~ 10m²/人。

（二）配套行政办公及生活设施

现有规范《物流园区分类与基本要求》（GB 21334—2008）、《物流中心分类与基本要求》（GB 24358—2009）中规定了配套的行政办公、生活服务设施用地面积占园区总用地面积的比例，对于货运服务型和口岸服务型物流园区以及物流中心，该比例不大于 10%；对于综合服务型物流园区，该比例不大于 15%。

1. 行政办公设施

行政办公区主要是指不直接从事生产、物流、仓储或流通加工的部门区域，供货运枢纽（物流园区）管理机构办公使用，一般可包括办公室、会议室、休息室、洗手间等。行政办公区的建筑规模一般根据实际情况确定，取决于项目内的办公人员数量和内部的设施配置。根据交通运输部“十二五”期项目规划建设情况统计分析，人均办公面积可按 4.5 ~ 7m²计算，并留有适当的通道宽度和预留面积。

2. 生活服务设施

货运枢纽（物流园区）内应提倡利用社会公共生活服务设施，尽量减少资源浪费。对于公路港或者停车需求较大的项目，有必要给驾驶员配置此类设施，有利于降低驾驶员疲劳、减少交通事故。

生活服务设施主要包括食宿设施，如食堂（餐厅、酒店）、司乘公寓（司机之家）等。根据“十二五”期交通运输部投资补助货运枢纽（物流园区）项目政策评估，食堂、餐厅的规模可按高峰期的就餐人数来考虑，一般 0.8 ~ 1.5m²/人，同时厨房的规模一般为餐厅规模的 22% ~ 35%。司乘公寓主要根据停车过夜需求确定，一般按照人均使用面积 10 ~ 15m²进行测算。

此外，货运枢纽（物流园区）可适当考虑增值服务所需的配套设施，如向外界宣传项目主营业务、交易主体、交易方式的产品展示、商品交易区，其规模可参照《博物馆建筑设计规范》（JGJ 66—2015）等相关规范计算，可根据客户人均占用面积和单位时间内平均客户数进行测算。

需要说明的是，以上规模测算结果仅仅是理论需求规模，最终建筑规模的确定还应考虑用地约束、建筑形态、各功能区分布特点、仓库间距、车辆转弯半径等，可在总体平面布置方案制定后，验算理论需求规模与实际设计方案是否一致。

第四章　项目选址与建设条件

货运枢纽（物流园区）项目选址是指在研究总平面布置方案之前，对项目的位置、范围进行论证和决策的工作过程。建设条件主要包括论证拟建项目在选址范围内的交通、地质、水文等适建条件等，并给出有关分析结论。

第一节　概念界定

一、项目选址

项目选址是对货运枢纽（物流园区）项目的位置、范围进行论证和决策的工作过程。一般而言，选址是从市场需求出发，结合相关规划要求及建设条件，根据项目定位、服务对象以及业主意愿，在规划指引的基础上进一步确定项目规模和空间范围。项目选址是项目实际推进的重要前提，它对于项目功能定位和开发运营具有重要影响。选址工作的特点如下：

（1）选址具有相对稳定性。一般情况下，当货运枢纽（物流园区）项目外部环境发生变化时，项目的功能定位、经营策略等相关因素可以随之进行调整，以适应外部环境的变化；但项目所在地块位置由于受区域规划、土地权属等制约，变动的可能性比较小，具有相对稳定性。

（2）选址是项目定位和发展战略的重要依据。选址与地方投资环境、产业布局关系密切，相互影响较大。项目选址决定其功能定位与战略目标，同时也影响着项目未来的发展，包括项目的实际运营效益、经营成本以及未来建设规模的扩充与发展。

（3）选址是项目前期工作程序的重要环节。项目在选址阶段应当明确项目所在具体位置、红线范围及项目建设条件，便于取得选址意见书、建设用地规划许可证、用地预审意见书、国有土地使用证等规划及用地条件，为落实项目前期工作程序提供依据。

二、建设条件分析

建设条件分析是在确定项目选址的基础上，对拟建项目所在地块的自然条件、用地条件、交通运输条件、市政设施条件、环境保护政策等其他相关条件开展的分析和论证工作，并对可能影响工程建设的重大问题做出说明。建设条件分析一是用于支撑项目选址结论，二是用于论证项目建设的工程技术可行性。

第二节 项目选址

一、工作思路

一般而言，项目的选址可分为四个工作阶段，工作流程如图 4-1 所示。

第一阶段：了解项目基础条件。项目咨询研究人员应当与项目业主进行沟通，深入了解其对于选址的具体要求，并对项目的备选场址进行实地踏勘，搜集所需基础资料。

第二阶段：项目地块选择。事实上，项目的选址工作包括两种情形。一是在项目可行性研究工作之前，拟建项目所在地块位置尚不明确。在这种情形下，咨询人员的选址工作应增加相关论证内容，综合考虑影响选址的各种因素，包括功能定位、需求条件、相关规划、用地条件、交通条件等，必要时开展量化的建模分析优化论证。同时，应广泛听取项目业主和城规、发改、国土等相关部门意见，协商确定项目的具体位置，该工作属于为项目业主的选址和优化工作所做的辅助决策工作。二是项目在可行性研究阶段，选址地块已经得到国土、规划部门确认。在这种情形下，项目选址往往是在规划（立项、预可研）阶段通过政府确认文件或控制性、修建性详细规划的形式得到初步确认，可行性研究工作中的“选址”则不必再次进行详细的选址论证和建模分析，仅需在项目申请报告或项目建议书中以章节形式说明即可，并明确在相关规划中确定的拟建项目选址的红线图，明确控制区域范围。

第三阶段：影响因素分析。分析影响拟建项目选址的有关因素，主要是考虑工程建设层面的自然条件（气候、水位地质、地形地貌等）、区位交通、用地条件、市政设施、环境保护、劳动力条件等。通过影响因素分析，确定项目选址方案是否适宜开展建设。

第四阶段：提出选址结论。项目选址地块存在多方案比选时，应针对各备选方案开展同等深度的研究，必要时需对多个拟选地块做技术经济比较，明确推荐地块。同时应提供最终方案的用地位置、红线范围、控制点坐标、出入口设置等具体内容,绘制项目选址区域位置图,并对可能影响工程建设的重大问题做出说明。

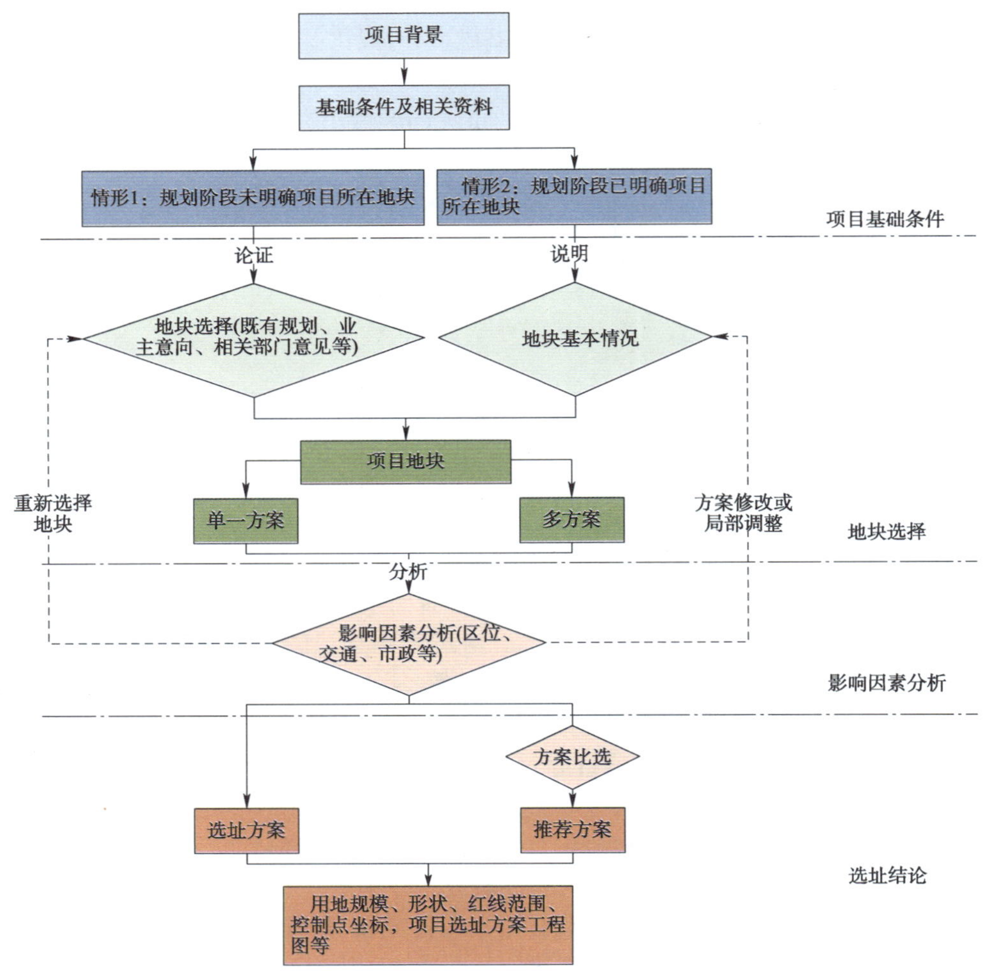

图4-1 货运枢纽(物流园区)项目选址的工作思路示意图

需要说明的是,在选址论证阶段提出的选址方案是单一方案,且建设条件符合相关规划、规范要求,则可确定此方案为项目选址的最终方案。如果经过上述工作无法形成最终方案,通常需做两方面工作予以修正:一是应当分析在既有条件下,是否可通过调整项目总平面布置、交通衔接及组织方案等方式解决,并将解决方案的意见及时与项目业主沟通，确保项目的功能定位不变；二是若已有地块存在较为严重的问题，且在规划设计、建设运营过程中难以弥补，如处于严重不良地质条件区域、地块规模过小且无拓展空间或无法满足环境保护的要求等，则需要在项目规划或有关前期工作阶段明确告知项目业主单位，提出及时调整地块选址的建议。

二、影响因素

在开展货运枢纽(物流园区)项目选址工作时，应重点考虑以下几个方面的影响因素。

1. 项目类型及作业规模

项目类型与作业规模决定着项目选址地块规模。拟选地块规模首先应与项目设计年度物流作业需求规模相匹配，周围还应保留适度的拓展空间，以保障未来项目扩建的用地；此外，应根据项目类型及作业特点，选择适应生产作业要求(如多式联运换装场地、铁路专用线的布局和进场要求等)的地块。

2. 城规、国土等相关规划要求

拟选地块应符合城市总体规划、土地利用规划等对土地性质、使用功能的要求。还应关注城市空间拓展、区域产业布局和结构调整等长远规划对拟选地块的影响，防止出现由于用地性质调整、产业转移、交通项目调整等可能导致的项目搬迁、功能不足等问题。

3. 经济产业布局

项目选址应与当地产业结构、布局等统筹考虑，同时应兼顾物流作业上下游供应商、货主客户的分布。一般而言，项目选址应尽可能靠近物流服务需求方，如接近大中型产业园区、商贸批发市场等，便于整合物流资源、缩短运输距离、降低运输成本。项目选址时还应考虑与城市既有物流资源的关系，尽量避免同质化竞争，有利于整个地区物流网络的优化和资源集约利用。

4. 交通运输条件

交通运输条件是货运枢纽(物流园区)项目的重要基础和支撑。应重点关注项目周边的干线运输通道、对外门户枢纽是否基本形成，是否具备开展多式联运作业的条件，项目与干线通道之间的衔接条件，既有集散交通是否具有改造升级的条件以及对城市交通的影响等问题。结合项目所服务的货物类型、运输规模及作业流程等因素，分析其周边的交通运输条件能否满足其特定的运输需求。

5. 其他建设条件

项目在立项或项目申请阶段选址的考虑因素还包括地形地貌、工程地质、水文气象等自然条件,项目周边的电、水、气管线等市政设施条件,环境保护的要求,区域的政策条件及人力资源条件等。

三、选址论证常用的方法

必要时,选址过程可以采用一些常用选址理论方法或模型来辅助决策。近年来,随着运筹学及最优化理论的发展,很多量化分析方法被研发出来以供辅助决策,归结起来主要有五种:解析方法、最优化线性规划方法、启发式方法、仿真方法以及综合因素评价法。各种方法的优缺点及适用情况如下:

1. 解析方法

解析方法适用于最简单的选址问题。处理此类问题就是将一个新设施布置到一个与现存设施有关的二维空间中去。由于货运枢纽(物流园区)项目主要考虑广义的运输成本,而广义的运输成本一般可看作是货物吞吐量、距离以及时间的函数,因此解析方法一般通过解析距离、需求量、时间或三者的结合函数来研究选址,并以项目位置为因变量,用代数方法来求解项目的最优坐标。

由于解析方法考虑影响因素较少,模型简单,主要适用于单个项目选址问题。对于复杂项目的选址问题,解析方法往往难以解决,通常需要借助其他更为综合的分析技术。

2. 最优化规划方法

最优化规划方法是在特定的约束条件下,从多个可用的选择中挑选出一个最佳的方案。随着20世纪70年代计算机能力的增强,使得以最优化规划方法求解大型项目选址逐渐成为可能。最优化规划方法中的线性规划技术以及整数规划技术是目前应用最为广泛,也是最主要的选址方法。运用线性规划技术解决选址问题一般需具备两个条件:一是必须有两个或两个以上的活动竞争同一资源对象;二是在一个问题中所有的相关关系总是确定的。

最优化规划方法的优点是它属于精确式算法,能获得精确最优解。不足之处主要在于对一些复杂情况很难建立合适的规划模型;或者模型太复杂,计算时间长,难以得到最优解;此外,有时候得出的所谓最优解在实际中并不可行,进而出现推荐次优解的情形。

3. 启发式方法

启发式方法是一种逐次逼近最优解的方法,于20世纪50年代末至60年代期间被开发出来。用启发式方法进行项目选址,首先要定义计算总费用的方法,然后拟定判别准则,规定改进途径,给出初始方案,最后迭代求解。有容量约束设施选址问题(Capacitated Facility Location Problem,CFLP)算法作为启发式算法的一种,最早由日本的反町洋一提出，一般用于项目能力有限制且用户地址和需求量均已确定的情况，能够从项目备选场址中选出总费用最小的由多个节点组成的物流系统。

启发式方法与最优规划方法的最大不同是它不是精确式算法，不能保证给出的解决方案是最优的，但只要处理得当，获得的可行解与最优解是非常接近的，而且启发式算法比最优规划方法计算简单，求解速度快。所以在实际应用中，启发式方法是仅次于最优化规划技术的选址方法。

4. 仿真方法

仿真方法是试图通过模型重现某一系统的行为或活动，而不必实地去建设并运转一个系统，从而节约成本。在项目选址问题中，仿真技术可以使分析者通过反复改变和组合各种参数，多次试行来评价不同的选址方案。该方法还可进行动态模拟，例如假定各个地区的需求是随机变动的，通过一定时间长度的模拟运行，可以估计各个地区的平均需求，从而在此基础上确定项目布局。仿真方法可描述多方面的影响因素，因此具有较强的实用价值，常用来求解较大型计算的问题。其不足主要在于仿真方法不能提出初始方案，只能通过对多个已存在的备选方案进行评价，从中找出最优方案，所以在运用这项技术时必须首先借助其他技术找出初始方案，初始方案的好坏会对最终决策结果产生很大影响。

5. 综合因素评价法

综合因素评价法全面考虑各种影响因素，并根据各影响因素重要性的不同对方案进行评价、打分，以找出最优的选址方案。此法较适合在两个或两个以上可供选择的地块之间进行选址方案比选，建立综合评价指标体系，采用加权平均等方法求得最优解。

采用综合因素评价法确定货运枢纽(物流园区)项目选址的典型案例如图4-2所示。案例中根据地区政策、经济发展水平、产业链发展水平、交通运输条件以及项目建设费用、环境效益等六方面的影响因素构建了指标体系，并且为减小项目多目标选址优化模型构建和求解的难度，将六个方面的影响因素分为两个层次。

其中，初步选址的影响因素是地区政策。将地区政策作为初步选址的重要影响因素，在众多备选节点集合中，得到初步选址候选点集合。最终选址影响因素包括社会经济、产业、交通运输、费用、环境等多个方面，通过建立多目标选址模型，对项目初步选址候选点集合中的候选点进行评价，最终确定选址点。

在实际的项目选址过程中可根据具体问题来选择合适又比较经济的决策方法，可能要综合运用多种方法来建立选址模型。

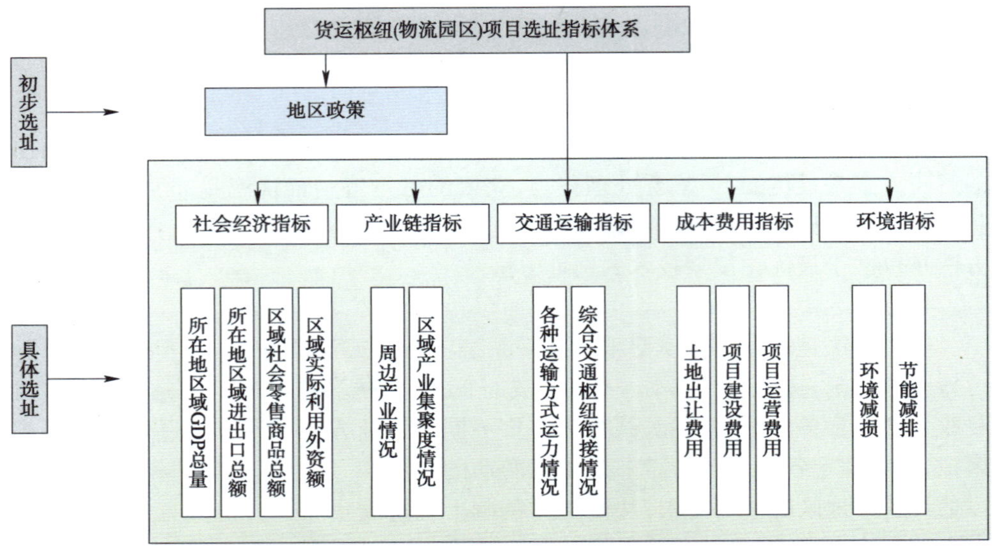

图 4-2　货运枢纽(物流园区)项目选址指标体系

第三节　建设条件分析

一、范围和内容

在初步确定拟建项目选址方案的基础上,需进行项目建设条件分析,主要考虑因素汇总见表 4-1。

主要建设条件分析内容　　表 4-1

考虑因素		主要内容
自然条件	地形地貌	高差、土石方工程量
	工程地质	①地基承载力、地下水深度、区域稳定情况及地震烈度; ②分析发生地质灾害的可能性
	水文气象	①河流、湖泊、风向、降水量等; ②分析发生气象灾害的可能性
用地条件	土地利用现状	为建设用地、未利用土地等
	用地性质	为物流仓储用地、交通设施用地、工业用地等
	土地权属(使用方式)	土地权属分为国家所有、集体所有;土地使用方式包括国有土地使用权出让、国有土地租赁、国有土地使用权作价出资或入股等
	拆迁工程量及成本	征地补偿标准、农业人员安置办法、征地费或耕地开垦费等(具体金额应在投资估算章节详细说明)

续上表

考虑因素		主要内容
交通运输条件	联运条件	说明拟选地块可接入的交通运输方式,是否具备联运条件
	公路	①公路技术条件,包括公路等级、路面结构、路面宽度; ②运输能力及发展规划,包括各方向的线路密度、规划、运价; ③进出道路连接条件,包括连接位置、里程、标高,专用线走向,沿线地形地貌、工程地质、占地、当地公路路基、路面、桥涵的习惯做法及造价
	铁路	①邻近铁路线路等级、正线数目、限制坡度、最小曲线半径、牵引种类、机车类型等,路网的设计运量和实际运量、集装箱运输条件、铁路运输发展规划、运价等; ②专用线接轨条件,如接轨的可能性、站场扩建的可能性、接轨点高程、由于接轨引起车站或其他设施改造或增建情况,接轨站的位置、站名及里程,接轨站的站场布置、货场设施、配线的数量、用途及有效长度,接轨站邻站是否有调机,其繁忙程度如何,如无调机,能否配置等
	水运	①航运条件,包括通航河流、航道里程、航道宽度与深度、允许通行船只的吨位及吃水深度; ②航运情况,包括现通航船只吨位、型式、年运输量、航运价格、通航时间、枯水期通航情况、航运发展规划; ③现有码头,包括码头类别(化工码头、煤码头、矿石码头、散货码头、集装箱码头、专用码头等),码头地点、泊位、装卸设施的能力、允许卸货时间、码头利用的可能性、运价; ④新建码头,包括可建码头的地点及其水文、地质资料
	空运	空港位置、与项目的距离、运量、运价、连接机场的道路情况等
	管道	油、气管道接入口位置、与项目的距离等
市政设施条件	给排水	①给水:给水水源以城镇自来水为水源时应包括水厂位置、规模、与项目距离、给水条件、给水方式、现给水量、富余水量、输水管线能力、可供本企业用水量、给水管连接地点、管道直径; ②排水:排水系统的组成(分流制或合流制)及能力,雨水管道敷设方式(明沟或暗沟),允许排入排水系统的水量,粪便污水处理方式,排入下水道内要求污水净化程度;排污口的位置、要求;建设地区污水处理厂的规模、处理技术、与项目距离、进水水质与排水水质;接受项目污水处理可能性

续上表

考虑因素		主要内容
市政设施条件	供电	①发电厂或区域电源变电所的位置及至项目的距离; ②供电电源的简单说明,如变电所的规模、现供电能力及电压等级、供电林余能力、供电可靠性、必要时还要附地区电网地理接线图
	通信	说明拟建项目周边的通信网络情况
	供热	供热厂名称、规模、燃料、蒸汽或热水的参数及单价、发展规划、与项目距离、供热的可能性
环境保护条件	水环境	大气、地面水(淡水、海水)、地下水环境质量现状
	生态环境	是否为动、植物自然保护区范围等
	文物保护	周边文物情况及保护范围、当地文物部门的要求
	矿藏	①周边是否有矿区、矿产分布及其开采价值; ②矿区地表塌陷、变形资料等
其他	建筑材料供应情况	砖、瓦、灰、砂石的产量、规格、供应情况、运距及价格等
	人力资源	①园区项目开发建设阶段的工人; ②运营管理阶段的高端、复合型人才
	对周边居民的影响	①往来车辆导致的尾气、噪音问题; ②园区作业导致的粉尘及噪音污染
	政策	土地、税收及其他相关优惠政策

注:参考《投资项目可行性研究指南》有关内容整理。

二、分析重点

以下内容对项目的规划、可行性研究十分重要,本节中给出相关方法和技术参考。

1. 自然条件

货运枢纽(物流园区)项目选址一般应优先考虑地形地貌简单的区域,其特点是地形平坦、地质状况良好,具有一定的承载力和稳定性。参照《工业企业总平面设计规范》(GB 50187—2012)等相关要求,拟建项目选址应位于不受洪水、潮水或内涝威胁的地带;当不可避免时,必须采取防洪、排涝措施;凡受江、河、潮、海洪水、潮水或山洪威胁的工业企业,防洪标准应符合现行国家标准《防洪标准》(GB 50201—2014)的有关规定。当拟建项目选址位于山坡或山脚处时,应采取防止山洪、泥石流等自然灾害的危害的加固措施,应对山坡的稳定性等做出地质灾害的危

险性评估报告。此外,不得作为货运枢纽(物流园区)项目选址的地段和地区包括:

(1)地震断层和设防烈度高于九度的地震区;

(2)直接受到泥石流、滑坡、流沙、溶洞等危害影响的地段;

(3)采矿陷落(错动)区界限内;

(4)爆破危险范围内;

(5)坝或堤决溃后可能淹没的地区,大型尾矿库及废料场(库)的坝下方;

(6)重要的供水水源卫生保护区;

(7)国家规定的风景区及森林和自然保护区;

(8)历史文物古迹保护区;

(9)对飞机起落、电台通讯、电视转播、雷达导航和重要的天文、气象、地震观察以及军事设施等有影响的规定范围内;

(10)Ⅳ级自重湿陷性黄土、厚度大的新近堆积黄土、高压缩性的饱和黄土和Ⅲ级膨胀土等工程地质恶劣的地区;

(11)具有开采价值的矿藏区。

对于冷链项目的选址,除满足一般选址要求外,还应符合《冷库设计规范》(GB 50072—2010),应位于周围集中居住区夏季最大频率风向的下风侧;周围应有良好的卫生条件,且必须远离存在有害气体、灰沙、烟雾、粉尘等其他有污染源的地段。

需要说明的是,如果拟建项目为改扩建项目或周边已有产业园区、厂矿建筑工程,应在分析项目地勘报告或工程地质报告等既有资料基础上,通过实地踏勘进一步了解本项目所在位置的场地地层、构造、岩土性质、场地稳定性、人为地表破坏现象等,同时考察拟建项目区域水文地质构造、地下水对混凝土基础的侵蚀性、周边河湖的影响以及温度、湿度、降水等气象条件。如是新建项目且周边无类似工程项目的建设地点或者自然环境较复杂的建设地点,建议应在开展可行性研究之前或与其同期开展工程地质测绘及必要的地质勘查工作,编制相关专题分析报告。

项目自然条件分析所需资料一般包括项目所在区域相关邻近项目地质勘查报告,项目所在区域水文、气象资料,场址位置地形图(比例为1∶10000或1∶50000)等。

2. 用地条件

一般而言,在各地政府组织编制的城市总体规划、土地利用规划中,各地块的用地性质原则上已经明确。货运枢纽(物流园区)的项目用地应优先选择用地性质为物流仓储用地的地块,如果其区位条件难以满足实际需求,则可考虑选择用地性质为交通设施用地、工业用地的地块。

专 栏 4-1

我国用地性质分类标准

根据《城市用地分类与规划建设用地标准》(GB 50137—2016),我国的城乡用地包括建设用地及非建设用地两大类;城市建设用地性质包括居住用地、公共管理与公共服务用地、商业服务业设施用地、工业用地、物流仓储用地、道路与交通设施用地、公用设施用地、绿地与广场用地八大类。

此外,货运枢纽(物流园区)项目的选址过程中,还应注意与当地产业规划、市政设施规划、环境保护规划、物流系统规划等相关规划的衔接,并避开国家或地方政府明令禁止的自然保护区、文物古迹保护区、环境敏感区等区域。重视节约用地和合理用地,充分利用荒地、劣地,不占或少占基本农田。

在开展货运枢纽(物流园区)项目用地条件分析时,一般需要明确项目所在区域的上位规划,收集拟建项目所在地的城市总体规划、土地利用总体规划、产业发展规划、综合交通规划及公路、铁路、水运、民航等相关专项规划、物流系统规划和物流园区规划,以及拟建项目所在片区控制性详细规划或所在开发区总体规划、项目周边路网及交通设施设计方案、市政管网布设情况(含图纸)等相关资料。

3. 交通运输条件

通常情况下,在规划阶段的选址论证中已经对拟建项目的交通运输条件进行了分析,初步确定的项目选址方案应当位于交通运输条件便利的地区。项目立项申请、预可研、可行性研究等前期工作阶段,主要应核实、核查分析项目所依托的货运交通枢纽、多式联运条件、周边对外通道的衔接线路是否满足要求。如果项目所在地需要多式联运交通组织方式,而现状地块暂不具备条件,应当尽可能规划预留与邻近的铁路货运站、港口作业区或机场货栈等货运节点设施之间的专用线路。项目交通衔接规划方法将在本书的第六章中予以详细论述。

专 栏 4-2

货运枢纽(物流园区)项目选址的交通运输条件

货运枢纽(物流园区)项目的交通运输条件是其最重要的建设条件之一。在物流园区项目的可行性研究中,应详细分析各种运输方式的接入条件。

1. 货运枢纽(物流园区)项目应尽可能提供多式联运条件

根据《物流园区分类与基本要求》(GB/T 21334—2008)附录A中对物流园区规划做出了推荐性要求:货运服务型物流园区的交通连接方式应"有两种以上运输方式存在,可以实现多式联运";生产服务型、商贸服务型以及综合服务型的物流园区交通连接方式应"有两种以上运输方式存在或毗邻两条及以上高速公路,可以实现多式联运"。

国外货运枢纽(物流园区)项目的经验表明,运营较为成功的园区均应当具备多式联运条件。国外典型货运枢纽(物流园区)交通条件分析见表4-2。

国外典型货运枢纽(物流园区)交通条件分析 表4-2

园区名称	所在国家	衔接交通条件
鲁瓦西-索加利物流园区	法国	公路、铁路、(邻近空港)
不来梅物流园区	德国	公路、铁路、内河港口、(邻近空港)
柏林-勃兰登堡物流园区	德国	公路、铁路
博洛尼亚货运村	意大利	公路、铁路
鹿特丹物流园区	荷兰	公路
吉宝物流园区	新加坡	公路、(邻近海港、邻近铁路货运站)
亚历山德拉物流园区	新加坡	公路、(邻近海港、邻近铁路货运站)
巴实潘江物流园区	新加坡	公路、(邻近海港、邻近铁路货运站)
西釜山物流集聚区	韩国	公路、铁路、空港、海港
东京安博物流园区	日本	公路
埃尔伍德-朱利埃特"中心点"联运中心	美国	公路、铁路
沃思堡德克萨斯联盟	美国	公路、铁路、空港
梅斯基特天际线商业物流园	美国	公路、铁路
爱迪生和布里奇登中心	美国	公路、铁路
净土产业集聚区	美国	公路、铁路
佛罗里达温特黑文物流园区	美国	公路、铁路
达拉斯联运站/物流枢纽	美国	公路、铁路
希尔斯堡紧凑多式联运中心	美国	公路、铁路
吉尔德湖物流园区	美国	公路、铁路、内河港

根据交通运输部已投资补助的货运枢纽(物流园区)项目统计,近年来交通行业重点支持的项目约43%具备多式联运条件,其中24%具备公铁联运条件,15%具备公铁水联运条件。这些具备联运条件的项目中,处于沿海和内河主要港口、国家干线铁路交会处或毗邻航空港的项目约占总数的15%。

2. 不同类型的货运枢纽(物流园区)项目交通运输条件的推荐性指标

不同类型的货运枢纽(物流园区)项目,应满足的交通运输条件是有所区别的:单一公路方式主导的货运枢纽(物流园区)项目一般应临近多条高速公路或主要公路的出入口,公路集散便利;多式联运型货运枢纽(物流园区)项目内应当包括铁路货运站或港口码头,或与铁路货站、港口码头之间有专用通道相联系。根据《交通运输部货运枢纽(物流园区)投资补助项目管理办法(暂行)》(交规划发〔2016〕59号)有关要求,不同类型的货运枢纽(物流园区)项目交通运输条件推荐性指标见表4-3。

货运枢纽(物流园区)项目的交通运输条件推荐性指标 表4-3

类　　型		交通运输条件
单一公路方式主导		距高速公路出入口一般不超过5km或5km内有大型铁路站场/港口/机场
多式联运型	公铁联运型	园区内有铁路专用线,铁路专用线满足整车作业要求,有效长度不低于800米
	水陆联运型	临近港区,并通过铁路专用线与港口相连
	空陆联运型	紧邻航空货运作业区,且纳入政府统一规划的空港发展规划

4. 市政设施条件

市政设施条件也对货运枢纽(物流园区)项目选址有重要影响。在初步拟定项目选址的情况下,应详细分析项目周边的市政设施条件。在货运枢纽(物流园区)项目可行性研究中,应当逐一说明给排水、供电、通信、供热等相关市政设施的接入条件。

货运枢纽(物流园区)项目与一般工业项目对市政设施的要求相似,其具体要求可参照《工业企业总平面设计规范》(GB 50187—2012)、《冷库设计规范》(GB 50072—2010)等相关规范中对市政设施条件的规定。

5. 环境保护条件

考虑到货运枢纽(物流园区)项目的车流、货流、人流对周围环境影响较大,项目选址应尽量远离市中心和居民区,以减轻尾气和噪声对居民生活的干扰。应与项目可行性研究工作同步进行项目环境影响分析,并做出客观评价。

第五章　总平面布置

货运枢纽(物流园区)总平面布置是根据项目功能定位、作业规模等要求,结合项目建设条件、与周边环境关系,按照国家规定的标准规范进行功能分区,并布置主要建筑物、构筑物及其辅助设施,组织交通流线、布置绿化,使其满足项目服务功能和生产工艺要求的设计过程。

第一节　概念与分类

一、概念与内涵

1. 总平面布置

总平面布置工作在项目立项、项目可行性研究、初步设计等多个阶段均有所涉及,但各阶段工作内容深度有所不同。各阶段工作内容要求见表5-1。

不同阶段总平面布置的工作内容　　表5-1

阶段名称	工作依据	工作深度	工作成果
项目建议	规划要求	主要功能分区	功能分区用地、规模指标、功能分区平面图
可行性研究	立项要求	功能分区、建筑设施布设及建筑基地红线、市政管网布设、交通组织、绿化、主要建筑总平面图	总平面布置图、技术经济指标表
初步设计	可研要求	在可研基础上进一步深化,主要包括场地条件及总平面设计、竖向设计、交通环境设计、功能布局、水平及垂直交通设计以及单位平面、立面、剖面设计	园区总平面布置图、设施布置图、技术经济指标表

需要说明的是:根据国家投资计划主管部门相关要求,实行审批制的货运枢纽

(物流园区)项目前期管理程序,通常情况下要经历"项目建议书—可研—初步设计"三个阶段。但在实际操作过程中,如果是地方政府审批,各地投资主管部门将会根据项目的大小、工程的复杂程度,结合城市规划、国土部门要求,对项目前期管理工作程序进行增减,一般而言,各地货运枢纽(物流园区)项目的前期工作程序包括:

项目建议书—项目可行性研究—方案设计—初步设计—施工图设计。

实际工作中,根据各地投资主管部门和项目实际,会做出一定的交通和简化。货运枢纽(物流园区)项目方案设计、初步设计中的总平面布置方案研究深度应参照《建筑工程设计文件编制深度规定(2016 年版)》要求执行,这里不再赘述。本书重点聚焦货运枢纽(物流园区)项目在可行性研究阶段的总平面布置需确定的内容:

(1)项目主要功能分区的组成及位置;

(2)项目主要设施(生产设施、生产辅助设施、行政办公及生活服务设施)的规模及位置;

(3)项目主要对外通道及出入的口位置、内部交通组织及对外交通衔接方案;

(4)项目市政管网(供电、供水、通信等)的规模及敷设方案;

(5)人防工程、地下车库等隐蔽工程的建筑规模与位置。

2. 功能区划分

为了便于管理和组织物流作业,减少物流作业生产过程中相互影响和干扰,应将货运枢纽(物流园区)内的场地以及构筑物、建筑物按照服务功能的要求,分成不同的区域。总结目前国内外货运枢纽(物流园区)的主要服务功能,可分为公共仓储、公共停车、多式联运、城乡配送、货运信息交易、国际物流、危险品运输、流通加工及配套功能等,每一个货运枢纽(物流园区)项目往往是上述几种功能区划的组合。

进行功能分区时一般可考虑如下原则:一是因势利导,充分利用项目的建设条件(地形条件、风向、地质条件、市政条件、项目内道路条件等)划分区域;二是根据服务功能与作业功能的性质不同来划分区域,可考虑将物流作业性质相同、功能相近、工艺联系紧密的建筑物、构筑物布置在同一个功能区。具体原则如下:

(1)围绕项目的核心作业功能,将与其相关的设施布置在同一功能区;

(2)将运输方式相同的物流作业区集中在一个功能区;

(3)将提供社会公共服务的设施集中在一个功能区;

(4)将对消防、安全、卫生、防震有相同要求的作业区集中在一个功能区;

(5)将危化类产品、易燃易爆产品的物流作业区集中在同一功能区;

(6)将同一权属企业的物流作业功能设施,在不违反国家规范要求的前提下集中在同一功能区;

(7)将对环境要求较高或为项目景观形象工程的建筑物集中在同一功能区。

3. 内部通道布设

项目内部通道主要指两个相邻的主要建、构筑物之间的内部交通廊道。由于布置有交通线路、工程管线,需要满足各种防护间距所必须的宽度。项目的内部通道是分割项目地块的骨架,也是联系、分隔各功能区的纽带,一般可作为功能分区的边界,因此通道布设对于形成合理的功能分区和总平面布置至关重要。参照《工业企业总平面设计规范(GB 50187—2012)》,货运枢纽(物流园区)项目内部通道宽度一般可根据以下因素确定:

(1)符合通道两侧建筑物、构筑物及露天设施对防火、安全与卫生间距的要求;

(2)符合铁路、道路等园区内部交通线路的布置要求;

(3)符合各种工程管线的布置要求;

(4)符合绿化布置的要求;

(5)符合施工、安装与检修的要求;

(6)符合竖向设计的要求;

(7)符合预留发展用地的要求。

需要注意的是,在总平面布置过程中,内部通道布设与项目交通组织并不完全相同。交通组织主要研究货运枢纽(物流园区)内部各功能分区之间、项目与外部交通线网(城市交通、对外交通)的衔接组织,最终形成项目内部交通线路及出入口的设置方案。而本节所指的内部通道布设不仅要考虑项目交通线路的设置,也要考虑相邻建、构筑物之间关于防火、卫生及安全间距的要求等诸多因素。此外,内部通道布设还包括功能分区内部建、构筑物之间最小间距的确定。一般情况下,应将交通组织方案作为重要因素之一纳入内部通道布设方案中。关于货运枢纽(物流园区)的交通组织问题,本书将通过第六章进行说明。

二、常见形态类型

依据项目功能区、建筑设施与周边交通设施的位置关系,货运枢纽(物流园区)项目的总平面布置形态大体有如下 3 种形式:

1. 环绕式布置

指货运枢纽(物流园区)周边紧密衔接各种干线交通(或枢纽),其各个功能区或建设开发地块环绕在干线交通周围。环绕式的特点是与交通设施紧密贴近,能够增加项目的吸引能力和输送能力,即减少了修建货运枢纽外部通道的成本。但环绕式布置对选址、规模的要求较为苛刻,条件不具备的项目一般很难实现。四川广运现代物流中心就是依托高速公路出入口建设的较为典型的环绕式货运枢纽(物流园区),如图5-1所示。

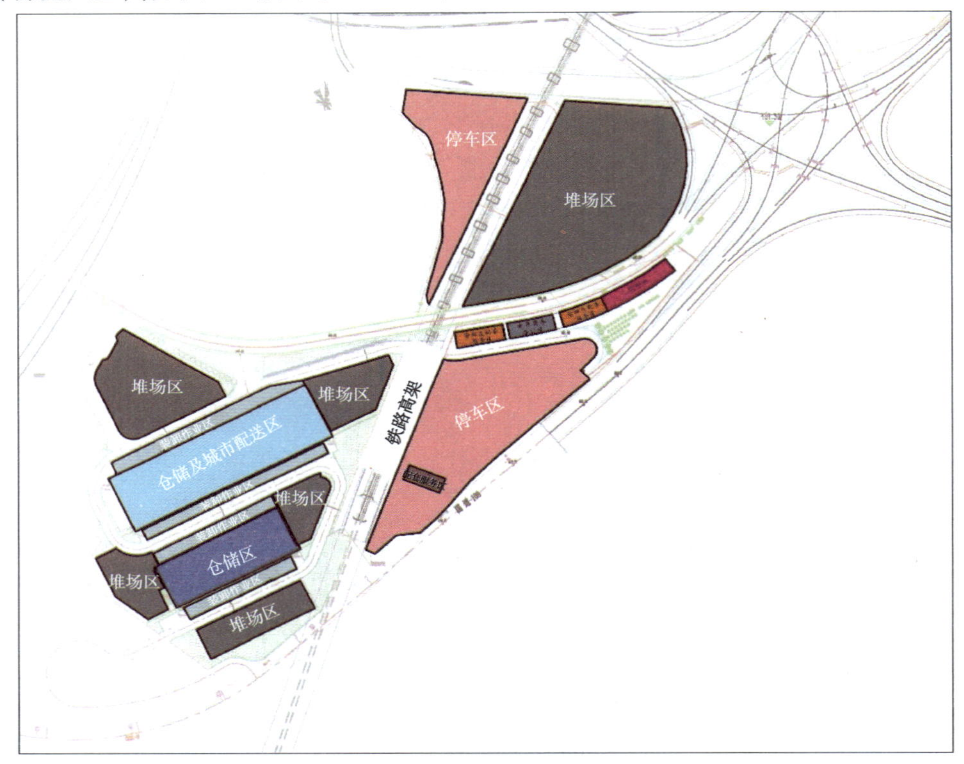

图5-1 环绕式布局示例

注:资料来源于《四川广运现代物流中心项目资金申请报告》(2016)。

2. 平行式布置

是指项目各功能分区与区外主要交通干线或站场呈平行布置。其特点是有利于充分利用项目及周边交通基础设施,但由于平面布置多呈带状格局,项目内部功能区间的联系相对较弱,道路等设施面积偏大。平行式布局一般适用于内外部交通流量较大、内部功能聚集性要求低的货运枢纽(物流园区)项目。湄洲湾港秀屿港区莆头作业区物流园区采用的就是平行式布局,如图5-2所示。

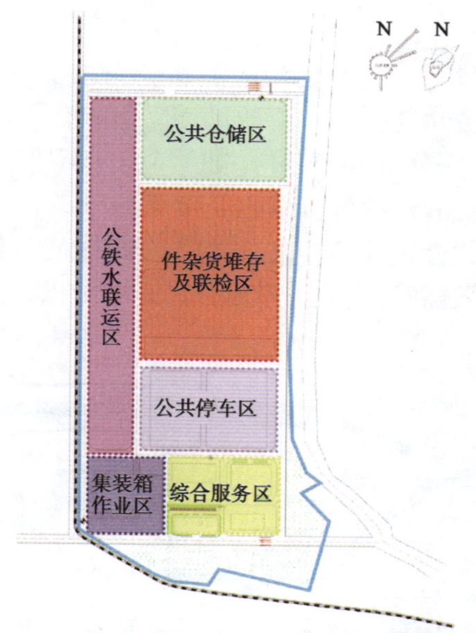

a)湄洲湾港秀屿港区莆头作业区物流园区一期工程功能分区图

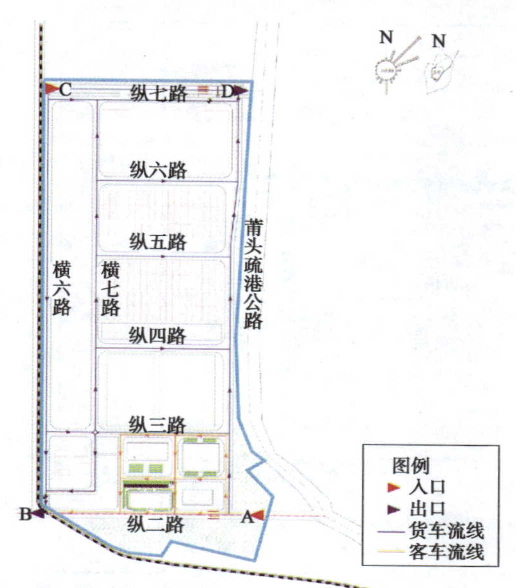

b)湄洲湾港秀屿港区莆头作业区物流园区一期工程出入口及流线图

图 5-2 平行式物流园区示例

注:资料来源于《湄洲湾港秀屿港区莆头作业区物流园区一期工程(调整)可行性研究报告》(2013)。

3. 分离式布置

指货运枢纽(物流园区)选址受到用地、市政条件供给、服务对象特殊性等客观因素限制,需要将服务功能分开布置的形态。例如有的项目按照服务上下行交通的差异或干线交通线路分割,将不同功能区布设在高速公路、铁路等干线交通两侧;另外部分项目办公区和作业区分置也是常见的分离式布局形态。分离式布局项目空间分布区域大,柔性设计条件充沛,但各分离区的监督管理相对不变。日本大柳物流园区即被东海道新干线分隔形成分离式布局,如图 5-3 所示。

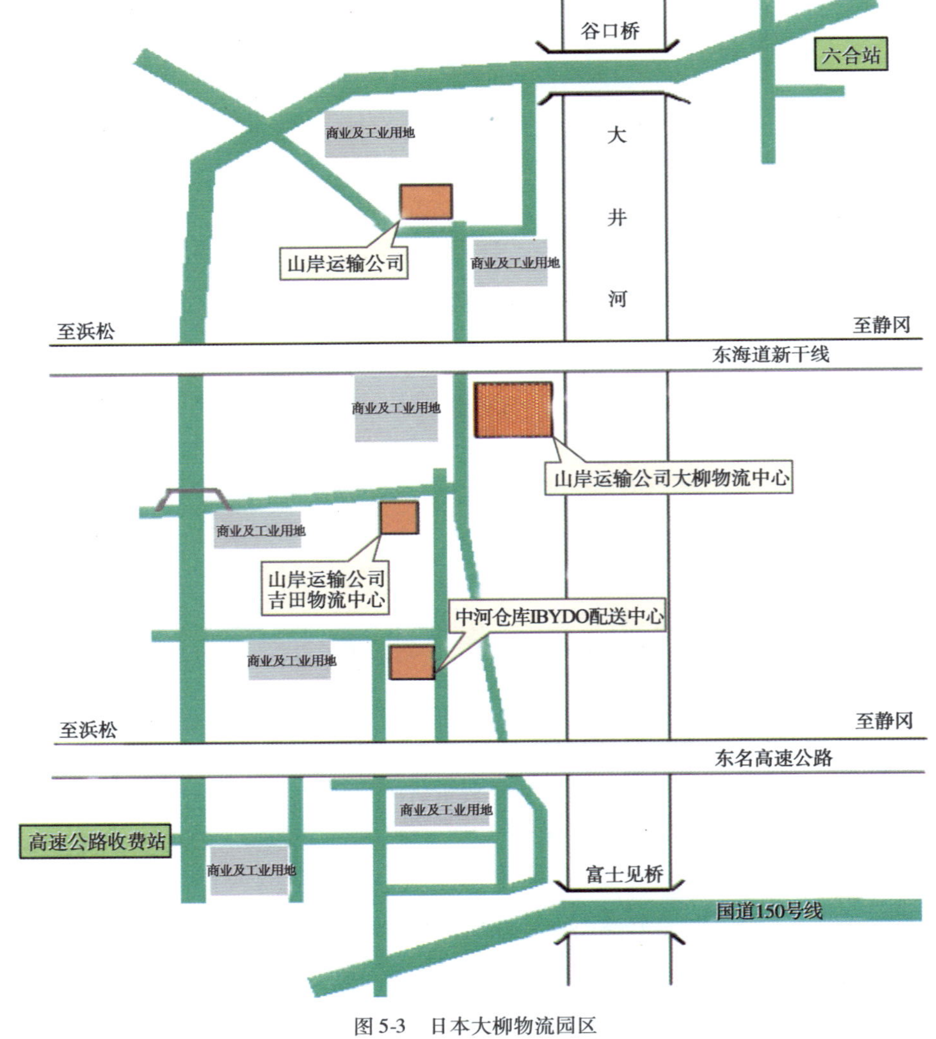

图 5-3　日本大柳物流园区

第二节 工作思路

一、总体思路

货运枢纽(物流园区)项目总平面布置的工作思路是:首先根据货运枢纽(物流园区)项目的功能定位、设施需求规模,确定主要功能分区;同时,梳理物流主要作业流程,根据各功能分区的作业联系紧密程度、防护关系等因素,确定各功能分区在空间上的位置关系,并结合项目地块的自然条件、规划条件、产业条件、外部交通衔接条件以及公共服务要求等限制性条件对前述位置关系进行修正,进而得到总平面布置的初始方案;最后根据需要对不同初始方案进行比选,得到总平面布置最优方案。进行方案比选时,一般可根据需要选取不同的评价指标,如:

(1)公共服务水平最高:比较不同方案的物流公共服务水平;

(2)作业成本费用最小:研究物流作业成本是否还存在优化空间;

(3)资源消耗最少:分析不同方案对土地、资金的占用、对环境的影响等。

二、布置原则

总平面布置一般应遵循如下原则:

(1)应能满足已批准的国家规划、当地的城市规划、国土规划等上位规划的相关要求;

(2)按照项目作业工艺流线要求,功能区的布置应该紧凑合理,采用多种运输方式时,应满足换装作业流程需要,缩短运输距离,便捷多式联运;

(3)改扩建项目应合理设计存量资源利用方案,在改扩建过程中尽量减少对现有作业区的影响,需要分期建设的项目用地,应合理处理好近远期关系;

(4)平面布设应体现综合资源合理利用的指导思想,注意节约用地、优先利用自然条件,因地制宜布设方案,同时要体现绿色环保的思想,利于项目的可持续发展;

(5)平面布设在优先满足项目作业功能要求的前提下,应为物流园区综合开发与建设创造条件;

(6)提倡总平面布置方案采用多方案技术经济比较。

在实际研究工作中,可根据项目类型、主要货类、主要运输方式等参考以下相关规范:

①《粮食物流园区总平面设计规范》(LS/T 8009—2010);

②《物流园区服务规范及评估指标》(GB/T 30334—2013);

③《冷库设计规范》(GB 50072—2010);

④《中华人民共和国海关监管场所设置标准》;

⑤《海关特殊监管区域基础和监管设施验收标准》;

⑥《工业企业总平面设计规范》(GB 50187—2012)。

三、考虑因素

进行货运枢纽(物流园区)项目的总平面布置,需要考虑规划要求、地块划分、作业流程、建设时序等多个因素。此外,在达到“总平面布置图”“设施布置图”等工作深度要求的同时,还需要将功能区划分、内部通道布设等作为前置性考虑因素。

1. 规划要求

城市规划部门往往通过规划要点、控制性详规、修建性详规等方式提出关于货运枢纽(物流园区)项目所在地块的规划要求,这是总平面布置要考虑的重要因素。城市规划部门的要求一般包括项目用地红线范围内的建筑高度限制、退让距离、建筑密度、容积率、绿地率、与外部交通联系等内容。

2. 地块划分

开展货运枢纽(物流园区)项目总平面布置时,一般需要先对整个项目用地范围内的地块进行切割细分。应保证现状已批、已出让和已有明确开发意向地块的完整性;保证地块内用地性质的单一,避免不相容的用地性质之间的干扰。同时应保证项目用地的基本规模,为建设运营者的具体需求留出更大的弹性,并有利于下一层次地块级别的规划编制和土地出让。为使土地在使用时有一定灵活性,货运枢纽(物流园区)项目基本地块面积一般可控制在 10 ~ 20 公顷,由投资商或运营管理部门根据实际开发需要进行划分,但一般不小于 3 公顷,否则不利于地块使用;同时,实际操作时应注意与有关行业规范和标准的分类及技术要求统一。

3. 作业流程

合理的作业流线对降低投资成本、节约运营费用有重要现实意义,在进行货运枢纽(物流园区)总平面布置时要重点考虑各物流作业流程。一方面要保证物流活动的合理性和连续性,防止出现不合理的往复迂回作业现象,使货流流畅连续合理,另一方面也应为新技术的采用创造条件。物流作业流程的设计一般应满足以下要求:

(1)满足物流作业要求,作业流程设计要合理;

(2)适应项目内外运输的要求,物流路线简捷顺直;

(3)保持作业流程有可选的扩展空间;

(4)根据用地条件,应优先选择便于作业的建筑形式;

(5)充分考虑地理和生态环境,注意环保要求;

(6)为未来发展预留用地。

不同类型的货运枢纽(物流园区)对物流作业过程及总平面布置有不同的要求,详见表 5-2。

不同物流作业设施对总平面布置要求　表 5-2

物流作业(功能区)		应包含的物流设施	总平面布置要求
运输服务	整车运输作业	专用仓库、装卸作业场地、停车场	相关设施宜集中布设
	零担运输作业	零担仓库、装卸作业场地、停车场	
	集装箱运输作业	集装箱拆装箱库、停车场、空重箱堆场、修箱、洗箱等辅助设施	
	甩挂运输作业	仓库、作业场地、停车场	
	道路危险货物运输等	专用仓库、危险货物装卸场所、危化车辆停车场等	车辆停车场应符合《道路危险货物运输管理规定》等相关规定要求
	多式联运	换装作业场地、堆场	相关设施宜集中布设
	运输辅助作业	停车场、加油站、检修清洗场等	
仓储服务	通用仓储	普通仓库、堆场或装卸作业场地	可根据需要分散布设,宜接近装卸作业场地
	专用仓储	专用仓库(如冷链、危化、粮食仓库)、装卸场地	相关产业、相关设施宜集中布设
公共停车	客运停车	客车停车场	宜在停车场分设小客车区域
	货运停车	货运停车场	大型、成规模的货运停车场宜独立布设、封闭管理;易靠近加油加气站、修理厂等;其他物流作业所需货运停车场地宜接近该物流作业区,可分散布设
货运信息交易		货代办公场所、货运信息交易平台、信息交易大厅等信息服务场所	相关设施宜集中布设
邮政快递作业		装卸作业场所、分拣车间、停车场、办公场所	

续上表

物流作业(功能区)		应包含的物流设施	总平面布置要求
国际物流		保税仓库、海关监管仓库、堆场、海关国检查验场所、停车场	宜集中布设、封闭作业,可参照海关总署印发的《海关特殊监管区域基础和监管设施验收标准》(关于围墙、卡口、通道设施、监管设施及部门用房的规定)等相关规范标准,进行合理布设
配送		公共仓储、受理、分拣、流通加工设施;	相关设施宜集中布设
流通加工		加工库或加工作业区、装卸作业区	宜接近货物仓储区;规模小、加工简单的加工区可设在仓储区一角
行政办公及生活服务	第三方物流企业入驻	办公场所、园区信息化设施	相关设施宜集中布设
	政府行政办公	行政办公场所、公共服务大厅	
	生活服务	银行、零售、餐饮、住宿等生活服务设施	

此外,物流作业流程也会对货运枢纽(物流园区)项目总平面布设的技术经济指标提出要求。如有研究表明,按照仓库的功能不同,仓库的建筑密度应介于30%～70%之间。但如果出现仓库的建筑密度大于60%,就可能需要利用外部功能区,如利用外部货运停车场等设施来配合完成项目控制区内的运输作业,否则容易造成项目区域内的拥堵和作业间干扰。因此,一般仓库最大建筑密度不宜超过50%,既能保证物流作业的顺畅,又有利于土地集约利用。

4. 建设时序

由于货运枢纽(物流园区)项目投资较大,项目的土地指标往往存在分批获取的现象,项目分期开发情况较为常见。在项目总平面布置过程中,需要根据建设时序处理好先期与后期建设运营的关系。既要注意后续建设工程不影响已建成部分的运营,又要注意保障先期建设的设施与后续建设的设施之间的良好衔接,实现项目的完整性。如仓库、办公楼等不易改建的设施可考虑尽量沿规则区域布置,堆场靠近不规则区域布置,停车场、绿化以及附属设施(变电所、泵房等)布置在更为灵活的位置,等等。

第三节　关键技术与示例

一、典型方法与技术

目前,国内外对货运枢纽(物流园区)项目总平面布置通常采用的方法主要有:摆样法、数学模型法、专家分析法、计算机仿真方法、系统布置方法及其他改进方法。

1. 摆样法

摆样法是指将按一定比例制成的样片放入同一比例的平面图中以此来模拟货运枢纽(物流园区)中各功能分区的布局情况,通过各样片(功能分区或作业单元)的相互关系分析,调整平面图上各样片的位置,从而得到较优的布置方案。这个过程也可以利用计算机来实现,通过绘制地块范围、各功能区的草图来摆放、调整布局关系,直至找到较优方案。摆样法一般适用于简单的布局,也可用于生成初步方案,但得到的方案相对粗略。

2. 数学模型法

数学模型法是指利用数学、系统工程、运筹学的模型和技术来研究设施布置问题,从而减弱在设施布置中决策的主观性,提高方案的精确性。数学模型法一般通过建立模型求解,能够获得较精确的结果,但对于某些较复杂项目,建立一个恰当的模型比较困难,或者考虑了诸多因素之后建立的模型又太复杂,难以求解。所以数学模型法在实际应用中可能会受到一定限制,实用性不够强。

3. 专家分析法

专家分析法主要是利用专家的知识及经验,考虑货运枢纽(物流园区)项目本身的特性及其发展环境,结合同类型货运枢纽的发展规律,对项目平面布置方案进行综合分析和评价。比较具有代表性的方法包括德尔菲法和因素评价法。

4. 计算机仿真法

计算机仿真法是指将各种平面布局方案用数学模型和逻辑关系在计算机中表示出来,然后通过模拟计算及逻辑推理来确定最佳布局方案。但是由于采用计算机仿真法进行平面布局时,必须首先提供若干备选的平面布局方案以供分析评价,所以计算机仿真法的使用也具有一定的局限性。

5. 系统布置方法及其改进法

系统布置方法(Systematic Layout Planning,简称 SLP 法)是平面设施布局运用较广、最具代表性的方法之一。SLP 法提供了一种相关性(类似于功能区之间联系的紧密程度关系图)研究方法,主要研究功能区单位作业强度对整个项目的影响,以及功能区与功能区之间的关联关系,以权重的方式量化处理关联关系,采用此方法试验不同布置方案,以得分最高的方案为布置方案。表达方式上以简明表格、关系图为主,定量分析和定性分析相结合。针对本方法使用过程中的局限性,当前已出现了一系列的改进方法,如 EIQ 分析法,目标函数除了作业流程最优外还综合考虑到顾客需求及产品特征。

上述多方法应用中,可根据项目实际情况采用一种或多种方法来获得最终方案。例如:摆样法、SLP 法、数学模型法可用于初始方案的提出,具体可根据方案的精度要求、问题的难易程度来选择;专家分析法、计算机仿真法则可以用于初始方案的比选,形成最终方案。此外,在实际运用中,还应结合当地自然条件或者特殊的限定要求,对最终方案进行修正。例如:有的项目地形有高差,就要因势利导,选择阶梯式布置方法,以减少工程量、降低建造成本,同时也要注意排水问题的处理。

二、总平面布置示例

(一)单一公路方式主导的项目

1. 公路港项目

"公路港"这一货运枢纽模式是以整合"小、散、乱"公路运输资源为目标的物流运营平台,集管理服务、信息交易、运输、仓储、配送、零担及相关配套服务等多种功能于一体。"公路港"的物流设施一般包括信息交易大厅、公共停车场、司乘公寓、公共零担仓库、社会化公共服务机构设施以及呼叫中心、服务器机房及维护人员办公场所等,其中信息交易大厅、公共服务机构办公场所、货车停车场、司机公寓和零担仓库为主要设施,是此类型项目平面布设的研究重点。

专 栏 5-1

遵义传化公路港建设项目

遵义传化公路港是典型的"公路港"型货运枢纽项目,其总平面布置图如图 5-4 所示。该项目以停车场和车辆调度区(货运班车总站)为核心要素,并紧邻停车场和货运班车总站布设综合服务、管理办公、产品展示区、仓储配送等公共服务和物流综合配套功能区。

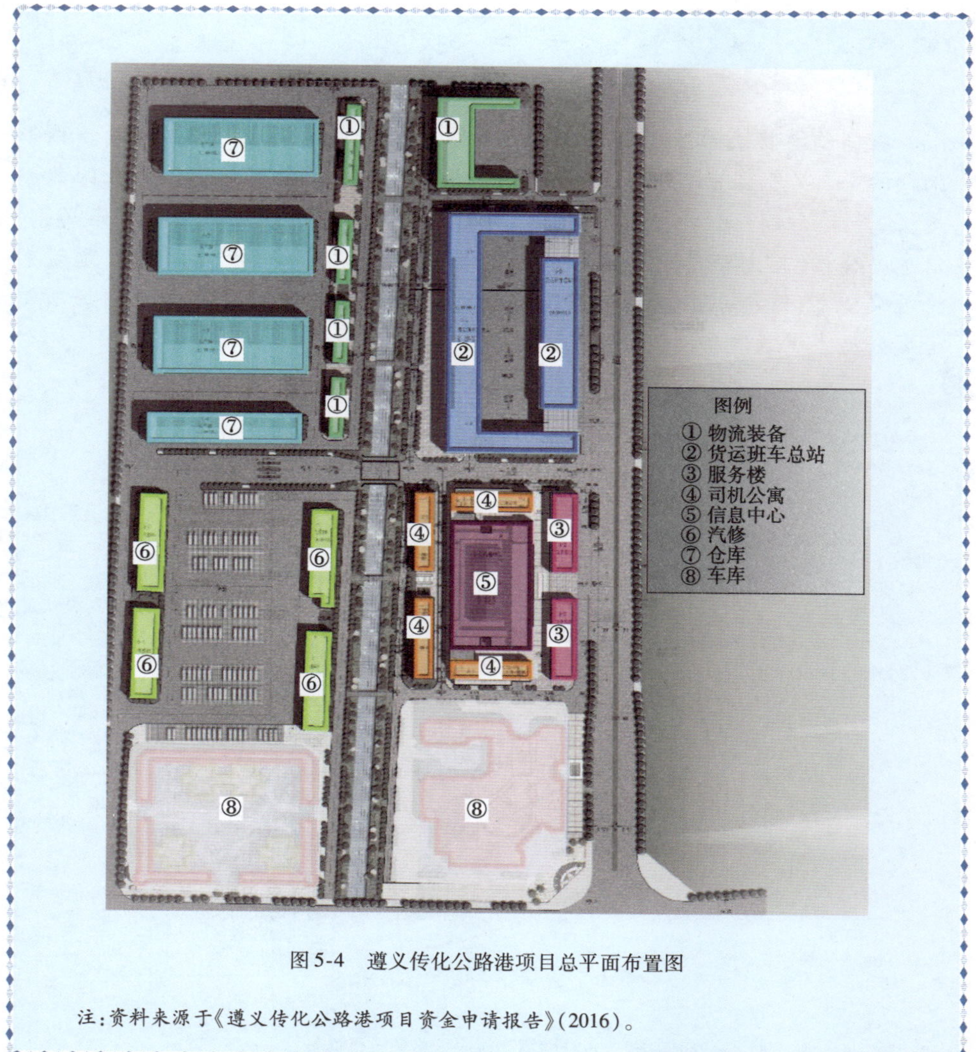

图 5-4　遵义传化公路港项目总平面布置图

注：资料来源于《遵义传化公路港项目资金申请报告》(2016)。

2. 具有多元功能的公路货运枢纽(物流园区)

具有多元功能的公路货运枢纽(物流园区)项目，是以公路为主要集疏运方式、服务功能更加综合化、多元化的货运枢纽项目，往往既具有前述公路港的功能，也包括公共仓储、城市配送、货运代理等功能，甚至还包括口岸通关、B型保税等延伸功能，往往是支撑当地产业和物流产业集聚发展的重要载体和服务平台。

专 栏 5-2

吉高陆港物流园区

吉高陆港物流园区总平面布置图如图5-5所示,该园区南侧部分(虚线南侧的1-7功能区)主要实现"公路港"功能。项目平面布置总体符合配载司机"停车-住宿-获取货运交易信息"的作业流程。项目通过将货运停车场、信息办公楼(信息交易中心)、司乘公寓集中布置,满足停车配载需求。通过将司乘公寓、信息办公楼等服务设施和货运停车场与公共仓库等货运场所适度分离减少货流、人流的相互干扰。

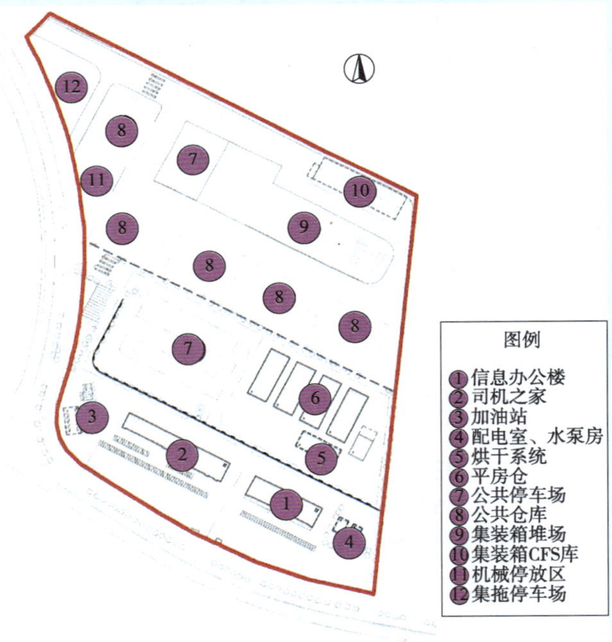

图5-5 吉高陆港物流园区总平面布置图

注:资料来源于《吉高陆港物流园区项目可行性研究》(2014)。

(二)多交通方式(至少两种)连接的项目

1. 公铁联运型项目

公铁联运型项目发送的货物品类以大宗、集装箱、散杂货等为主,此类货物普遍存在物流作业强度大、运输量大、运输距离长、辐射范围广的特点,且具有一定的规模优势。公铁联运型货运枢纽的选址往往毗邻或包含铁路货运站场,或与铁路货场相毗邻。公铁联运型货运枢纽是铁路货运、装卸运输代理等多个货运服务企业与相关部门的聚集区,具有综合服务的功能。一般来说,公铁联运型项目的总平面布置是依铁路货运特点而布设的。

公铁联运型物流园区主要作业流程如图5-6所示。

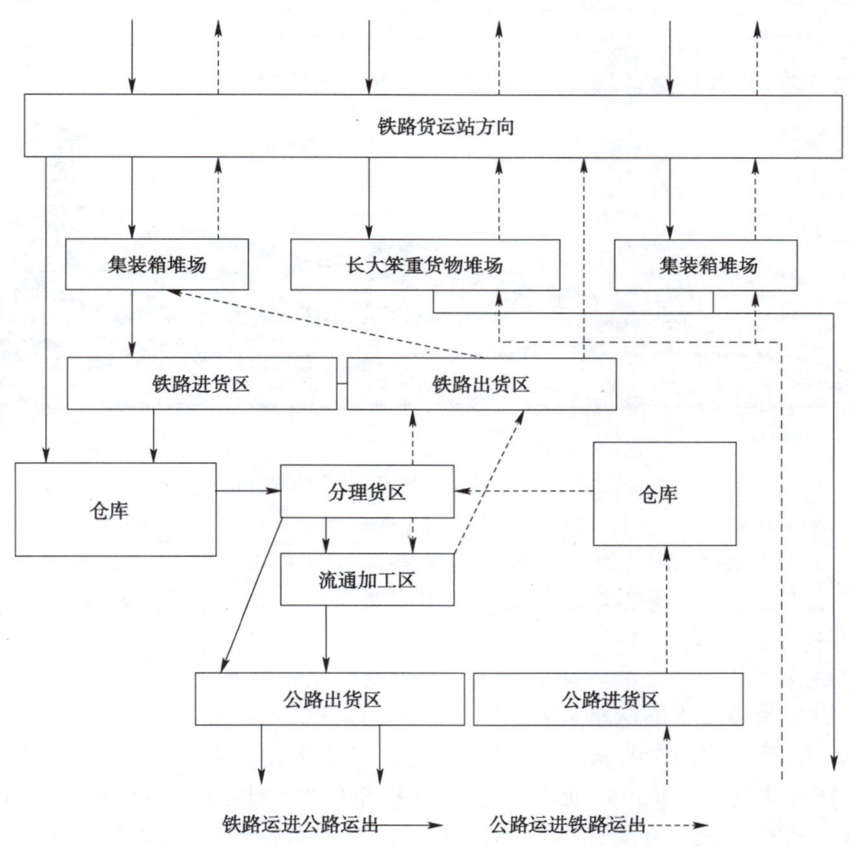

图5-6 公铁联运流程图

1)以大宗物资为主的铁路货运枢纽

以大宗物资为主的铁路货运枢纽,一般是依托铁路专用线,为经由铁路干线运输的煤炭、石油、矿石、粮食、钢材等大宗货物提供仓储、加工、交易等服务。此类项目往往需要大面积的铁路换装作业场地和仓储配送区,实现大宗物资的集散、仓储及配送。

专 栏 5-3

平凉公铁联营物流园区

平凉公铁联营物流园属于以大宗物资为主的铁路货运枢纽,位于甘肃省平凉市平凉工业园区内,园区总占地约678亩(0.452km^2),包含2条铁路专用线及货场,园区依托宝中线、西平线交汇的优势开展联运业务。其功能区主要有:公铁联运区、仓储配送区、综合服务区等,如图5-7所示。

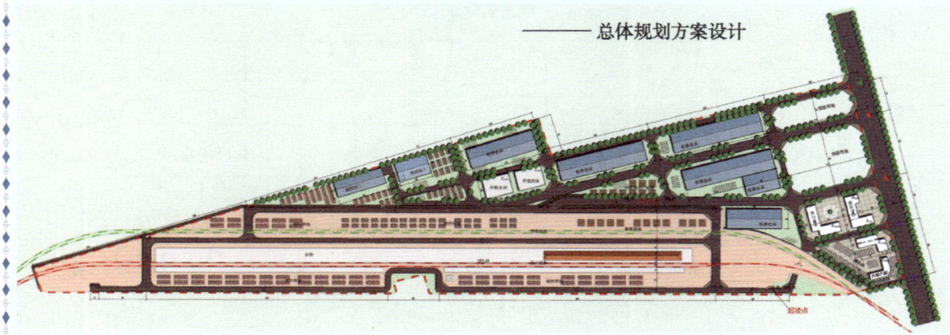

图5-7 平凉公铁联营物流园区平面布局图

注:资料来源于《甘肃省货运枢纽(物流园区)布局规划》(2016)。

从布局特点来看,围绕铁路开展的各类物流作业是该项目的主要物流业务,因此围绕公铁联运区依次在外围布设仓储配送、商务服务、公共服务及发展预留用地。

2)以集装箱为主的铁路货运枢纽

以集装箱货物为主的铁路物流园区,进出口货物比重大,运输距离普遍较长,货物运输以集装箱为单位。通常,该类货运枢纽(物流园区)一般具有国际货运枢纽和口岸功能,所涉及的业务模块有增值加工区、货运代理区、口岸服务区、集装箱作业区等。

专 栏 5-4

成都国际集装箱物流园区

成都国际集装箱物流园区是亚洲最大的集装箱集散中心,它依托铁路而建,是一个典型的以集装箱为主要服务对象的铁路货运枢纽。

由图5-8可以看出，该项目布置在铁路中心站后方，沿铁路中心站向外依次布设有集装箱物流区及工贸配送区、物流装备区、保税物流园区与加工增值区。市场区、中央商业区、国际展销区和配套居民区相对集中布设在铁路中心站较远处。绿色休闲带处于园区中间位置，将核心物流作业区与商务、居住为主的功能区分隔开，减少了物流作业带来的环境影响和相互干扰。

图5-8　成都国际集装箱物流园区功能规划图

项目核心业务与物流设施关系如图5-9所示。

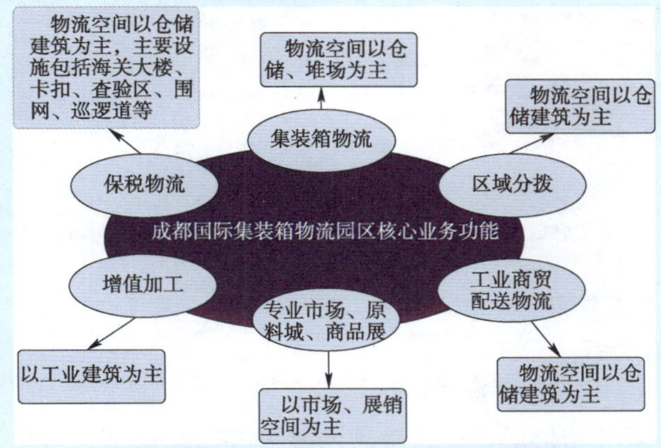

图5-9　成都国际物流园区物流业务与设施关系

注：资料来源于《成都国际集装箱物流园区控制性详细规划》(2006)。

3)以散货及综合物资为主的铁路货运枢纽

以散货及综合物资为主的铁路货运枢纽(物流园区)服务对象品类复杂,包括城市生活用品、农副产品、散货等。该类项目功能区一般配有城市配送区和货运分拨集散区等。

专　栏　5-5

宁夏中宁物流园区公共服务中心

中宁物流园区公共服务中心项目依托中宁铁路战略装车点,围绕铁路货运站依次布设了集装箱中转区、内陆口岸区、公共信息平台服务区,并在铁路货运站后方预留了公铁换装作业区。上述布局,一方面可以使得公路货运、铁路货运以及口岸作业能够相对独立运转,避免干扰,同时又可以利用预留的换装作业区作为公共作业空间,实现不同方式的良好衔接。中宁物流园区公共服务中心总平面布置如图5-10所示。

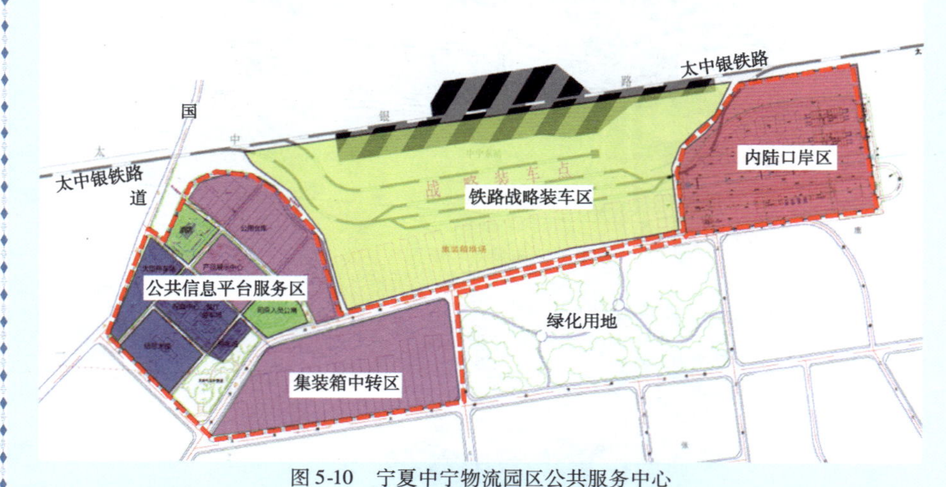

图5-10　宁夏中宁物流园区公共服务中心

注:资料来源于《宁夏中宁物流园区公共服务中心项目可行性研究》(2014)。

专　栏　5-6

遂宁西部铁路物流园区

中国西部现代物流港西部铁路物流园区(简称“西部铁路物流园”)位于四川省遂宁市,总用地面积831.09亩(约0.554km^2)。项目以达成、遂渝铁路为依托，重点开展多式联运、大宗散货物流、区域分拨、城市配送、电商快递、综合商贸等服务，并依托物流平台提供海关监管、政务服务、电子商务等多项社会化公共服务功能。其项目功能布局如图5-11所示，紧邻铁路货场依次布设多式联运区、物流加工配送区。城市配送区、公路分拨区、电子商务区等主要服务本地、与道路货运联系密切的功能区则布置在核心功能区的外围。

图5-11　遂宁西部铁路物流园区总平面布置图

注：资料来源于《中国西部现代物流港西部铁路物流园区资金申请报告》(2016)。

2. 水陆联运型项目

水陆联运型项目是依托公水或公铁水联运条件而规划建设的货运枢纽(物流园区)项目。铁水联运型项目的主要流程如图5-12所示。

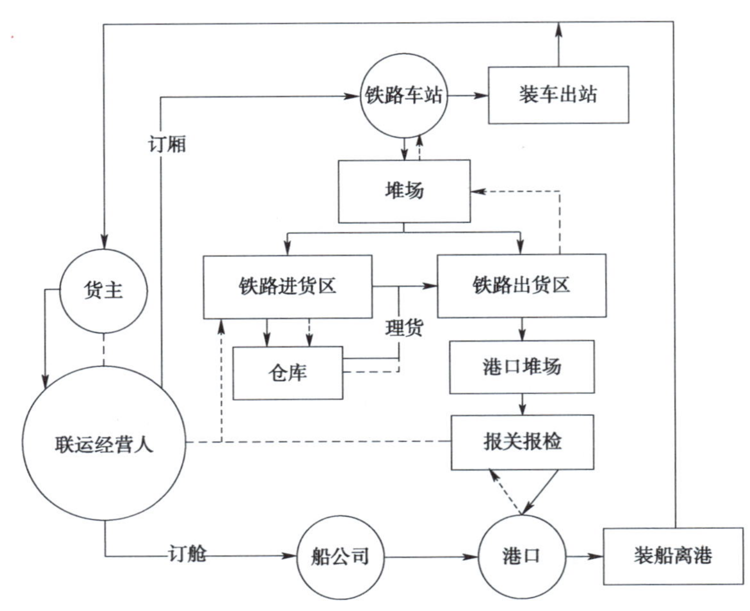

图5-12　铁水联运流程图

专　栏　5-7

无锡西站物流园区公共服务中心

无锡西站物流园区公共服务中心主要依靠新长铁路无锡西站和内河直湖港以及省道S342、无锡西环线等对外交通条件，提供公共服务配套、多式联运和城市配送等功能。从平面布置来看，围绕内河港池、铁路以及道路的出入口分别形成了铁水联运区、公水联运区、公铁联运区三个换装作业区，便于铁、公、水之间便捷换装。如图5-13为无锡西站物流园区公共服务中心总平面布置。

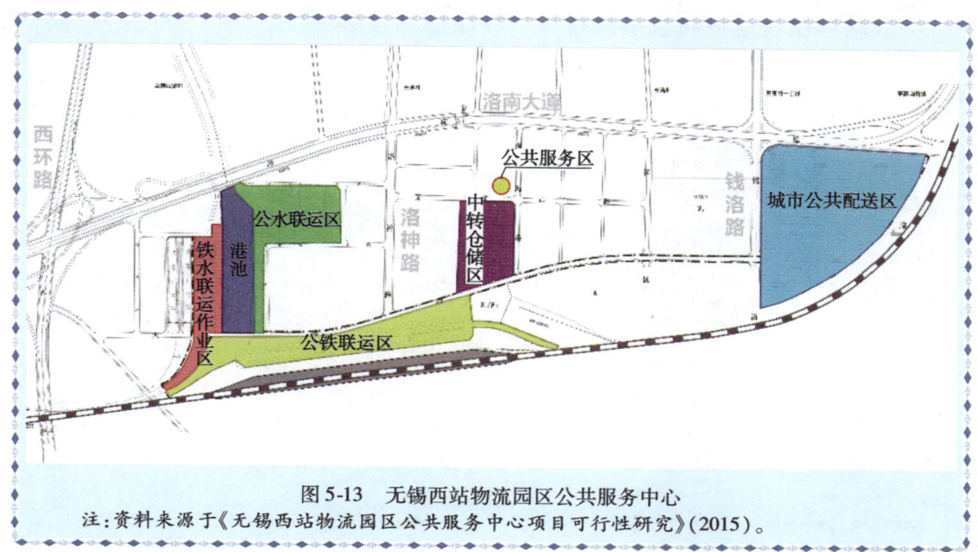

图5-13 无锡西站物流园区公共服务中心

注：资料来源于《无锡西站物流园区公共服务中心项目可行性研究》(2015)。

3. 空陆联运型项目

空陆联运型货运枢纽(物流园区)是依托航空-公路或航空-铁路联运条件规划建设的项目。

一般来说，空港联运型项目处理的货物附加值相对较高，产品体积小、重量轻，市场敏感度高，交货期短，对运输质量要求高。空陆联运型货运枢纽功能区一般可分为：快递中心、航空货运代理中心、航空公司基地、保税物流区(含国际货物存储、中转、生产加工等)、国内货物存储、中转中心、综合物流区(二级物流运营商)、航空运输服务区、商品展示、国际贸易区以及航空物流咨询培训商务等功能区。表5-3列出了国内外部分空港物流园区的主要功能。

国内外部分空港货运枢纽主要功能　　表5-3

机　场	物流园区	功　能
日本成田国际机场	原木物流园区	保税、存储、运输
香港国际机场	东涌物流园区	存储、运输、组装、装配
韩国仁川国际机场	勇宗物流园区	存储、货物延期存、组装、装配、返修
新加坡樟宜机场	自由贸易区园区东端	中转、装配、展示和贴标签
上海浦东国际机场	浦东空港物流园区	保税、存储、运输、飞机维修、贸易、商务综合服务
北京首都国际机场	北京空港物流基地	保税、存储、运输、组装加工、商务综合服务
杭州萧山国际机场	杭州国际空港物流中心	保税、存储、运输、贸易、商务综合服务

空陆联运型货运枢纽总平面布置一般如图 5-14 所示。

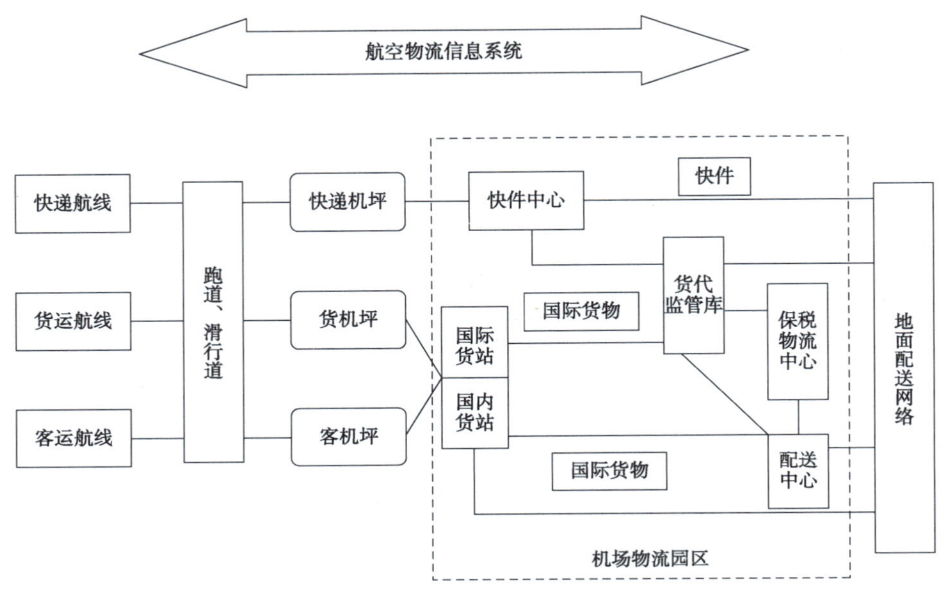

图 5-14　空陆联运型物流园区总平面布置图

专　栏　5-8

成都航空物流园区

成都航空物流园区布设在双流国际机场后方,其区位条件如图 5-15 所示。

项目主要分为 5 大功能区,如图 5-16 所示,基地航空作业区、国内物流区、国际物流区紧邻机场货运区布设,商业配套区布设在外围。上述功能区的布置充分考虑了与机场货运作业的紧密性。此外,从其内部具体布局图中可以看出,依托机场及口岸的国际货运枢纽一般布设有保税仓库区、国际快件区、国际转运区、国际展示区和国际采购区。

图 5-15 成都航空物流园区位置

a) 总平面布置图

图 5-16

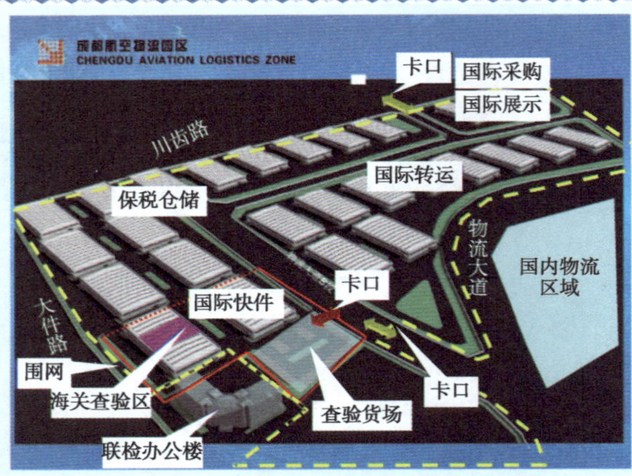

b)内部具体布局图

图5-16　成都航空物流园区总平面布置图及内部具体布局图

注:资料来源于《成都航空物流园区项目简介》。

专　栏　5-9

天津空港物流园区

天津空港物流园区功能区主要包括航空公司作业用地、物流分拨区、仓储服务区、加工增值区、展览展销区、管理办公区及配套服务区等。在其总平面布置中,根据各功能区与航空作业的密切关系从停机坪依次向外布设航空公司用地、仓储服务区等,并将管理办公区、展览展销区及配套服务区相对集中布设在外围。天津空港物流园区功能布局如图5-17所示。

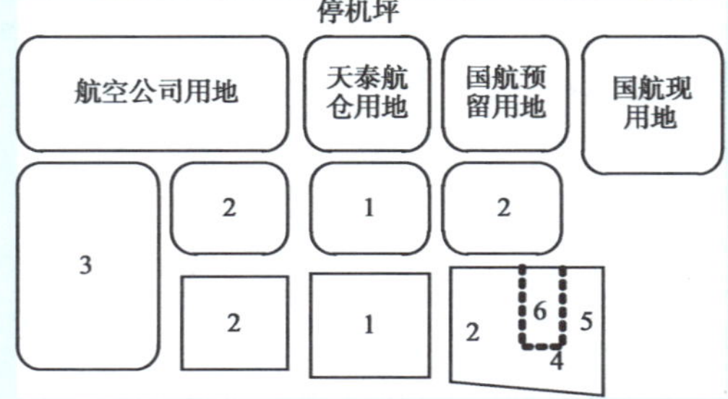

图5-17　天津空港物流园区功能布局图

物流分拨区;2-仓储服务区;3-加工增值区;4-展览展销区;5-管理办公区;6-配套服务区

（三）其他典型项目

1."商贸市场＋货运枢纽"型

依托货运枢纽为商贸市场提供物流服务的综合型货运枢纽（详见专栏5-10），主要借助交通便利条件，完成农副产品、快消产品、电商产品的分拣、包装、再加工、批发、配送等一系列物流服务，仓储和分拨作业区是项目的核心功能区。此类项目货物流通量比较大，对作业场地要求高。此外，由于车辆集散规模较大，需解决好相应的配货、停车等问题。

2."产业园区＋货运枢纽"型

此类项目主要选址于具备交通枢纽区位优势与产业集聚优势的区域（如产业园区外部运输通道附近），通常项目制造业第三方物流外包需求旺盛。制造业对项目物流设施的要求主要体现在仓储区、加工区、运输代理、社会化公共服务区等，项目作业往往呈现批量化、规模化、程序化的特点。

专 栏 5-10

嘉兴现代综合物流园（北区）

嘉兴现代综合物流园（北区）由水果、蔬菜、粮油土特产、水产肉食品、建材陶瓷、物资调剂六大专业市场及物流服务设施组成，在华东乃至全国具有一定的知名度，是目前华东乃至全国大型市场群之一。坐落在嘉兴现代综合物流园内的物流公共服务中心主要为入驻园区的商贸企业、周边制造企业以及物流企业提供公水联运、信息交易、零担专线、公共仓储、公共停车等物流公共服务。

从该项目总平面布置图（图5-18）来看，专业市场、物流公共服务、居住配套等不同功能的设施集中布设。提供物流服务的物流公共服务中心布局在园区最南侧，临近内河码头。将专业市场所需的各种物流配套服务功能（如货运停车、回程车配载、公共仓储、多式联运换装作业等）抽取出来专门设立物流公共服务中心，一方面可以减少专业市场与物流服务各自内部作业之间的干扰，同时也便于同类企业集聚，提高土地集约性。

图 5-18　嘉兴现代综合物流园(北区)总平面布置

注:资料来源于《嘉兴现代综合物流园项目可行性研究》(2014)。

专 栏 5-11

苏州物流中心

苏州物流中心成立于1997年，是全国首批三家直通式陆路口岸之一，也是全国唯一的实行SZV空陆联程快速通关模式的虚拟机场、全国首家保税物流中心(B型)试点、全国第一个获得国务院批复同意进行具有保税港区综合保税功能的海关特殊监管区域——综合保税区的试点。苏州物流中心区位图及鸟瞰图如图5-19所示。

苏州物流中心的发展定位是：依托苏州工业园区，发展成为长三角地区制造集群的国际运输中转枢纽，区域运输分拨中心，富有魅力的企业选择基地，地区共同配送与物流增值加工中心。目前，苏州物流中心享有国家5A级物流企业、省服务业名牌企业、省重点物流基地、市服务业发展重点集聚区等称号。

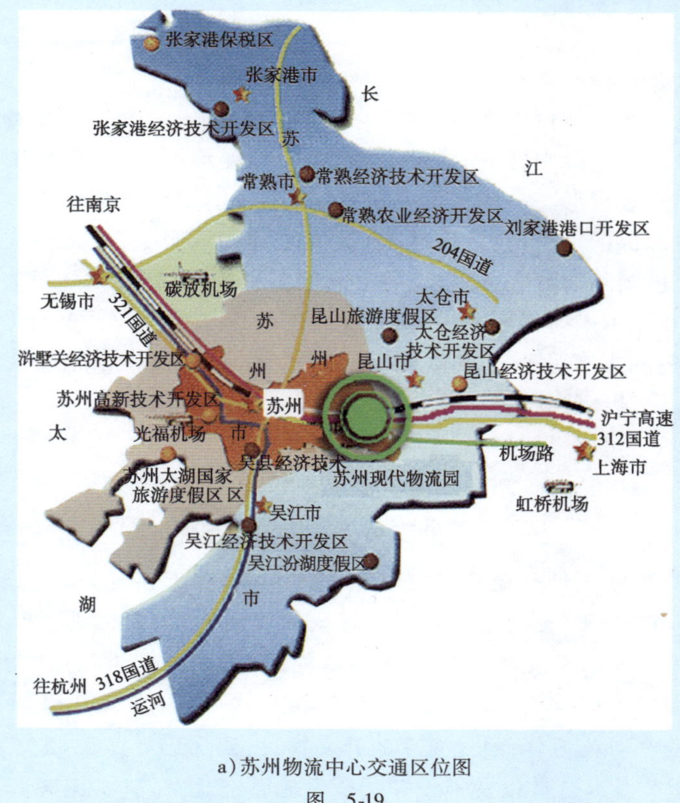

a) 苏州物流中心交通区位图

图 5-19

b)苏州物流中心鸟瞰图

图5-19　苏州物流中心区位图及鸟瞰图

注:资料来源于苏州物流中心网站。

3.具备口岸功能的项目

该类项目主要依托口岸和交通条件,为进出口货物提供报关、报检、仓储、国际采购、分销和配送、国际中转、国际转口贸易、商品展示等服务,满足国际贸易企业的物流需求。其表现形态一般可为三种:①口岸+门户交通枢纽,如在沿海港口、机场周边设置综保区、保税物流园区等,提供国际物流服务,此类模式较适于为大进大出产品提供国际物流服务,如上海外高桥保税物流园区;②陆路边境口岸+交通枢纽,如毗邻霍尔果斯口岸、凭祥口岸设立的口岸服务型货运枢纽(物流园区);③国际陆港(内陆无水港),主要依托内陆的货运站场、口岸设施以及与口岸之间的便捷交通通道,提供国际物流服务,典型如"义乌港"项目。

专　栏　5-12

上海外高桥保税物流园区

上海外高桥保税物流园区是国务院批准的首家区港联动保税物流园区,是上海市"十五"期间重点规划的现代物流园区,国家促进国际港航产业与现代物流产业联动发展的先行先试示范区,同时也是中国(上海)自由贸易试验区的四大核心板块之一。园区于2004年4月15日由海关总署等八部委联合验收封关运作,经过多年的开发建设,园区已经建成45万m^2仓库,14万m^2集装箱转运区以及卡口和关检等配套设施,如图5-20所示。

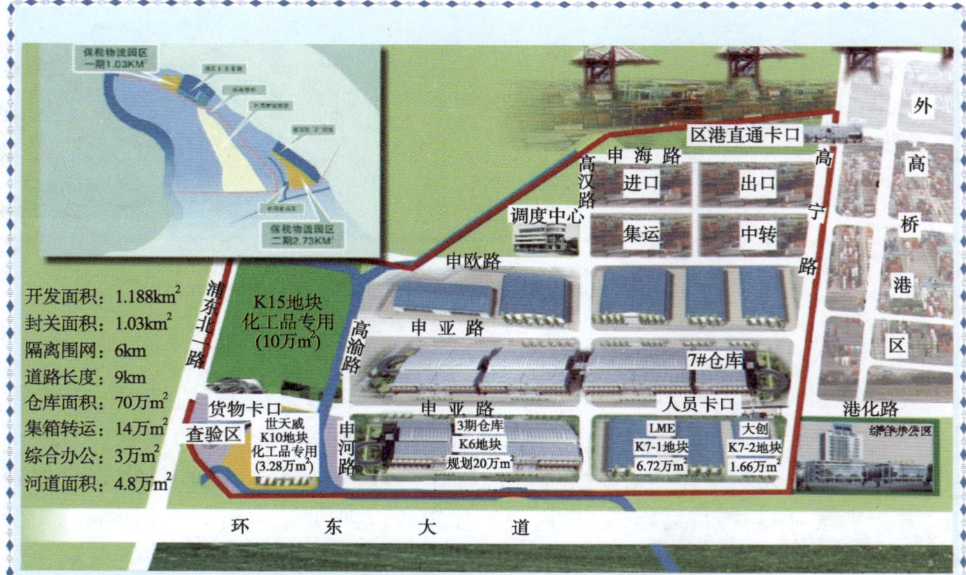

图5-20 上海外高桥保税物流园区总平面布置图

从其总平面布置图来看，物流园区紧邻港区布设，并且根据口岸作业特点以及区港联动需要，分设了区港直通卡口、货物卡口、人员卡口。海关查验区布设在货物卡口处，方便海关查验。仓库、堆场相对集中布设。综合办公楼临街布设，方便园区客户，同时减少了对园区内部作业干扰。

注：资料来源于上海外高桥保税物流园区网站。

第六章 交通衔接及组织方案

货运枢纽（物流园区）项目作为大型公共服务设施，其运输、装卸、换装、配套服务等活动必然产生大量的货流和车流，每一个环节都离不开交通运输。开展交通衔接与组织研究是实现进出货运枢纽（物流园区）项目的车辆和货物安全快速的运输和集散、提高项目运作效率、避免产生外部交通拥堵、降低环境影响的重要环节。

第一节 概念与思路

一、交通衔接与组织

货运枢纽（物流园区）项目的交通衔接和组织是指按照合理的交通流线，对项目区域内外的道路、铁路等进行优化衔接，配套集疏运组织方式，为其内部各功能区筹划运输组织保障的工作过程。一般来说，该部分工作通常与总平面方案布置中的功能区划分、设施布置等进行同步研究。为突出交通衔接与组织对货运枢纽（物流园区）项目建设的重要性，本书将其单列一章专题研究。

货运枢纽（物流园区）项目的交通组织不仅涉及项目内部，也涉及与周边区域交通运输通道货流与车流的集散。因此，在开展项目交通衔接和组织时，应关注其交通特性。

1. 以货流运行为主，存在客货混行

货运枢纽（物流园区）项目进出通道的车流以货车为主。由于货车的各项技术指标和交通特性，如车身长、车辆宽、载重量等，与客车存在较大差别，因此项目区域内外交通通道的设计应重点关注货车进出的要求。同时，项目内部有服务于员工、客户、办事人员等的客运车辆，交通通道上呈现“客货混行，以货为主”的特征，应根据车流特点合理组织交通。

2. 车辆行驶目的性和业务流程性强

货运枢纽（物流园区）项目一般都有其明确的服务对象及服务范围。项目区域内通道上的货车交通流的方向性比较明显，主要受其功能布局和作业流程约束，车辆往往沿固定的路线行驶，并到达固定的目的地，因此，需要根据物流作业流程合理设计交通流线、合理组织交通。

3. 高峰时车流集中，项目间差异大

大型货运枢纽（物流园区）项目往往位于城区外部或边缘，城市物流配送项目可能处于城区范围，受省际、市际长途运输以及城区交通管制和不同货类运输特性的影响，其车流高峰时段往往较为集中时效性较强。例如：以公路干线运输为支撑的项目，凌晨装车出发，下午四点左右进入目的地城市，城市物流配送晚间八点以后进城，早上六点之前配送至商家等。

此外，由于各货运枢纽（物流园区）项目的服务对象、功能设施不同，不同类型的项目还具有一些独特的交通特性，见表 6-1。

货运枢纽（物流园区）项目的不同功能各自交通特性及需求 表 6-1

服务对象（服务功能）	交通特性
公路零担/快递	主要是集零为整、化整为零的作业和运输过程，交通特征为凌晨或上午整车运输离开，下午整车货物运进城，零担货物集零受理和化整为零配送运输则在日常时间段分散完成
公路整车	一般多采用大吨位重型卡车，运输特征受城市交通管制十分明显，交通流与城市交通管制呈反比关系，需要临近项目运输主通道
多式联运	铁路货车、轮船班期高峰作业能力决定衔接的运输通道能力，配套集疏运主通道应能满足铁路、水运或航空等主导方式高峰时段的集疏运需求
城市配送/农副产品配送	时效性非常强，夜间进货、清晨出货，车型特征为夜间大吨位货车多、清晨中型、小型箱式车较多，进出车辆的通道闸口布设要合理、干路、支路网络配置要合理
危险品物流	由于危险品车辆的特殊性能特点以及对环境、居住人口影响，大多需要夜间作业，尽可能设置单独出入口、运输通道

二、研究思路

货运枢纽(物流园区)项目可行性研究中,开展交通衔接与组织优化主要涉及以下四个方面工作内容:

(1)开展项目交通流线设计。即明确人流、车流、货流在项目内部及周边区域流动的轨迹;

(2)开展项目出入卡口设计。即明确项目与对外交通通道的出入口布设,包括出入口数量、类型、开口位置和开口方式等;

(3)项目对外交通衔接研究。即开展整个货运枢纽(物流园区)项目与外部交通枢纽、门户交通设施、重要运输通道之间的衔接组织及规划方案研究;

(4)项目内部交通组织研究。即提出货运枢纽(物流园区)项目内部各功能区之间的路网形态、道路设计等方案。

具体思路如图6-1所示。

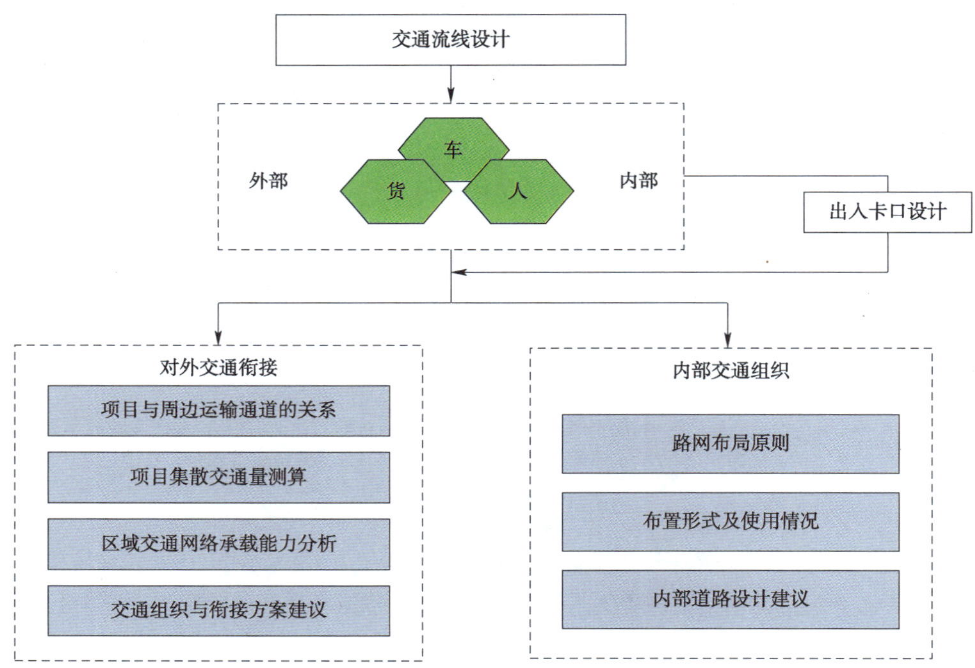

图6-1 交通衔接及组织方案工作思路

第二节 关键技术与示例

一、交通流线设计

货运枢纽(物流园区)项目交通流线设计是特指通过对各功能区及周边出入项目的货流、车流、人流状况进行预判和分析,并结合各类流线在园区内外流动的特征,提出交通组织与设计方案。

影响交通流线设计的因素主要包括对外交通布设条件、车辆运行组织模式、运营安全及运行效率等。在设计交通流线时需要了解判断入驻园区的物流企业对交通服务功能的要求。根据实践经验,在流线设计中,为了确保运输安全、通道顺畅,一般情况下,应满足以下设计原则:

(1)不同性质和不同速度的交通流线,条件许可情况下应尽量分离,避免各流线交织、迂回,如图6-2所示。

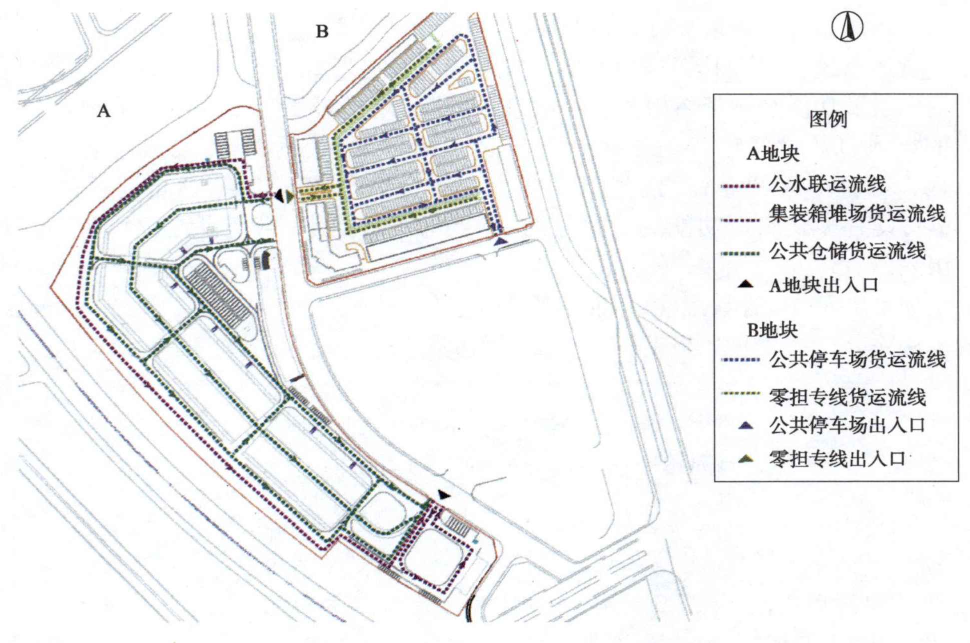

图6-2 典型货运枢纽(物流园区)项目交通流线设计

(2)尽可能使主要交通流线及大容量的作业流线在项目内部运行的距离最

短,如多式联运作业流线、集装箱作业流线等。

(3)物流作业强度大的功能区、进出车辆比较集中的区域,交通流线设计应尽量靠近主干道或项目区域对外通道的卡口,或保持功能区流线相对独立,避免与其他区域干扰,产生过多交织流线。

(4)对于规模较大的货运枢纽(物流园区)项目,应对功能区之间的交通流线和功能区内部的交通流线分别进行设计。

(5)危化产品功能区或有特殊要求的区域,交通流线设计要简洁、运输路径设计要短、尽量靠近项目主要对外通道卡口。

二、出入卡口设计

出入口设置是决定货运枢纽(物流园区)项目总体布局及交通衔接方案的重要环节之一。在进行总平面布置时。应根据项目规模及功能确定出入口的数量、类型;再结合项目内外道路条件及地形情况,明确项目出入口的控制性要素,最终确定项目出入口位置及开口形式。进行货运枢纽(物流园区)项目的出入口设计主要包括以下三部分内容。

1. 根据项目规模及功能,确定出入口的数量及类型

货运枢纽(物流园区)项目的出入口设置数量与形式和项目规模大小、所承担的货运量及功能类型密切相关。一般来说,项目规模越大,货物吞吐量越高,所需的出入口数量就越多。考虑到消防、安全等因素,货运枢纽(物流园区)项目出入口不宜少于两个;规模超过 500 亩(约 0.33km^2)或货物吞吐量超过 500 万 t 或具有多式联运功能的货运枢纽(物流园区)项目一般应设置三个或三个以上出入口。

项目出入口的建设标准、是否需要采用进出分流的出入口,则需要根据进出园区的车辆数量、高峰时间段最大货车流量与周边集疏运通道的衔接标准等因素确定。

专 栏 6-1

典型货运枢纽(物流园区)项目出入口设置

货运服务型以及具有货运枢纽功能的综合服务型货运枢纽(物流园区)项目往来车流量较大,往往设置较多出入口,且应尽可能采用客货分流、单进单出的形式;口岸型项目作业类型涉及海关监管功能,出入口数量有限制,但考虑其消防、安全应急等功能,应预留紧急备用出入口。典型货运枢纽(物流园区)项目出入口数量及类型可参考表 6-2。

典型货运枢纽(物流园区)项目出入口数量及类型 表 6-2

项目名称	项目类型	占地规模(万 m^2)	货物吞吐量(万 t/年)	出入口数量	类型
成都公水联运物流基地	口岸保税型	15.5	1005	1 主 2 备用	海关卡口情况较为特殊
黄石棋盘洲物流园区	综合服务型(公铁水联运、含保税区)	100	797	1 入 2 出	客货分流、单进单出
宜昌三峡物流园	综合服务型(农产品配送)	77	720	3 个	分别服务于不同功能区
山西大同万昌物流园区	综合服务型(公路货运)	21.9	500	2 个	均可进出
嘉兴现代综合物流园物流公共服务中心	综合服务型	19.3	286	2 个	均可进出
长沙实泰黄兴物流中心	综合服务型(公路货运)	16.4	887.3	2 入 2 出	单进单出

对于规模较大的货运枢纽(物流园区)项目,考虑到内外部流线、不同功能流线的差异,出入口要进行分层次设计。一般可分为项目与外部主要通道间联系的第一层次卡口,以及各功能区与内部主要通道间联系的第二层次卡口,如图 6-3 所示,标志为三角形的为对外通道卡口,标志为连续虚线的为园区内货运主通道。

2. 结合项目内部路网、地形情况等,确定出入口的开口位置

确定货运枢纽(物流园区)项目的出入口位置,一般应满足以下两点要求。

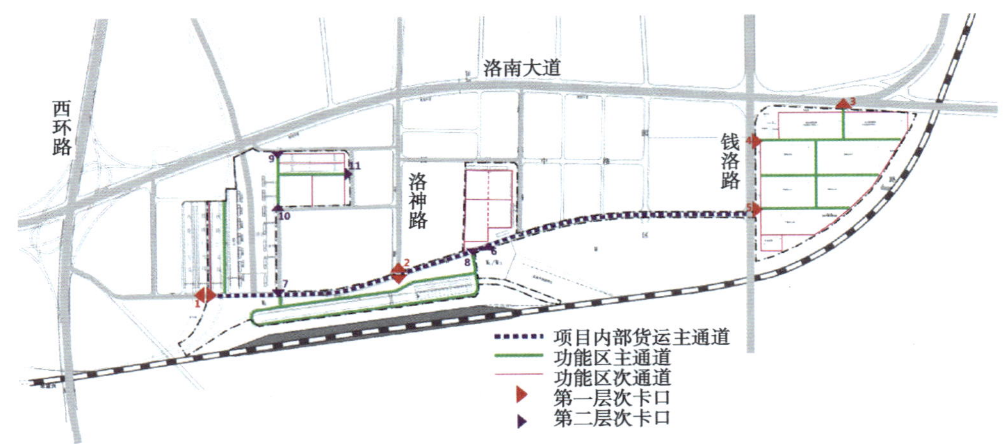

图 6-3　典型货运枢纽(物流园区)项目的分层次出入口设置

(1)满足车辆的进出要求,兼顾形象展示。项目出入口设计要能够满足车辆进出时通畅、快速的基本要求。此外,还应适当兼顾园区形象的展示,尽可能实现交通功能与形象展示功能相结合,如图 6-4 所示。

图 6-4　典型物流园区项目出入口的形象展示作用

(2)与项目内部路网协调,便于车辆集散。货运枢纽(物流园区)项目的出入口对内应与项目主干路相连,保证内部路网良好的通达性。一般而言,设计货运枢纽(物流园区)项目进出卡口,应优先靠近作业量大的功能区域,或有特殊服务要求的功能区,便捷快速组织运输。此外,具备条件的项目,可考虑在货运作业量较大的功能区附近设置专用出入口,避免对其他功能区车辆形成干扰。

3. 根据项目外部路网及衔接条件,确定出入口的开口形式

货运枢纽(物流园区)项目出入口的设计应当与所连接的道路建设标准相互协调、相互匹配,满足道路坡度、停车视距、交叉口视距等的要求,减少对周边区域交通组织的影响。尽量避免在一条道路上短距离内连续开口,以免加剧开口道路的交通拥堵;由于地形条件、交通条件所限,必须在同一侧道路连续开口时,则需要根据货车高峰时段进出流量,通过提高同侧道路建设标准,或增设短距离货车等候专用路、港湾式等候区域,避开对同侧道路过境交通的干扰。货运枢纽(物流园区)项目常见的出入口的开口形式包括沿道路直接开口、辅助道路开口、专用道路开口和高架道路开口 4 种形式,如图 6-5 所示。各种开口形式的优缺点及适用情况见表 6-3。

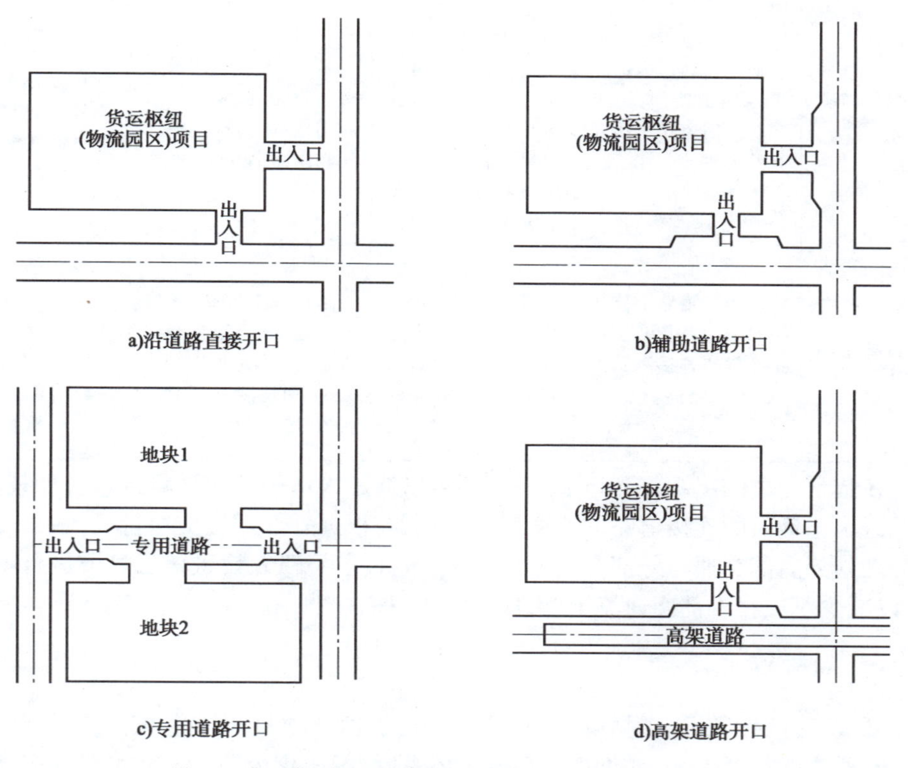

图 6-5 典型货运枢纽(物流园区)项目出入口开口形式示意图

货运枢纽(物流园区)项目出入口开口形式的优缺点及适用情况　　表6-3

开口形式	描　述	优　点	缺　点	适用情况
沿道路直接开口	直接将项目出入口与周边的道路相连	与外部集疏运道路连接便捷、设置简单、建造成本较低	对连接道路的过境交通影响较大,容易造成交通拥堵,并产生大量的交通冲突点,导致交通安全隐患	适用于项目规模较小或连接道路等级较低的情况
辅助道路开口	在连接道路的红线与项目内部建筑物的红线之间设置平行于连接道路的辅助性道路,用于车辆进出	一定程度上分离了项目的进出交通与连接道路的交通,减少了与连接道路交通的冲突	占用道路面积较大,效益成本比不高	适用于用地条件比较宽松的项目
专用道路开口	通过在项目内部开辟专用道路,将出入口与专用道路衔接起来的形式	出入口的通行能力很大,由于专用道路只服务于进出项目的交通,交通流构成简单,还可以根据需要灵活地采取不同的交通组织方式	专用道路的使用对象较为明确,造成项目道路用地占比较高,不利于物流、人流的联系	适用于规模较大,进出车辆较多,且连接道路的集散能力较好的项目
高架道路开口	在连接道路上修建高架桥,使进出项目的车辆与连接道路上的过境交通分流的形式	可以实现进出项目的车辆快速集散,避免过多延误,减少对连接道路的交通干扰	建设成本较高,导致投资增加;高架桥的建设还需要考虑连接道路条件、用地限制等诸多因素	适用于重要项目建设方案上,且项目所在区域车流、人流相对密集

在选定合适的出入口开口形式后,还可以通过采用相应的道路接入管理技术,降低进出车辆对所连接道路的交通影响。例如,根据外部过境交通特征,在出入口处合理划分内部交通与外部交通衔接区域、设计缓冲车道、设置信号灯或进行渠化等,以减少对项目外部交通流干扰,保证出入口衔接顺畅。

三、对外交通衔接

开展对外交通衔接规划设计,其核心是分析拟建项目与周边既有或规划的交通运输通道的相互关系,评价项目集疏运体系(统筹考虑公路、铁路、水路等多种交通运输方式)是否能够满足拟建项目的运输要求,必要时提出交通条件改善建议。

对于规模较大、功能复杂的货运枢纽（物流园区）项目，可进行拟建项目集散交通量测算。在此基础上，研究项目周边区域交通网络的承载能力，相应提出周边交通网络的改造方案或优化建议，并提出集疏运方式衔接组织形式。项目对外交通衔接的研究思路及其与可行性研究其他阶段的关系如图6-6所示。

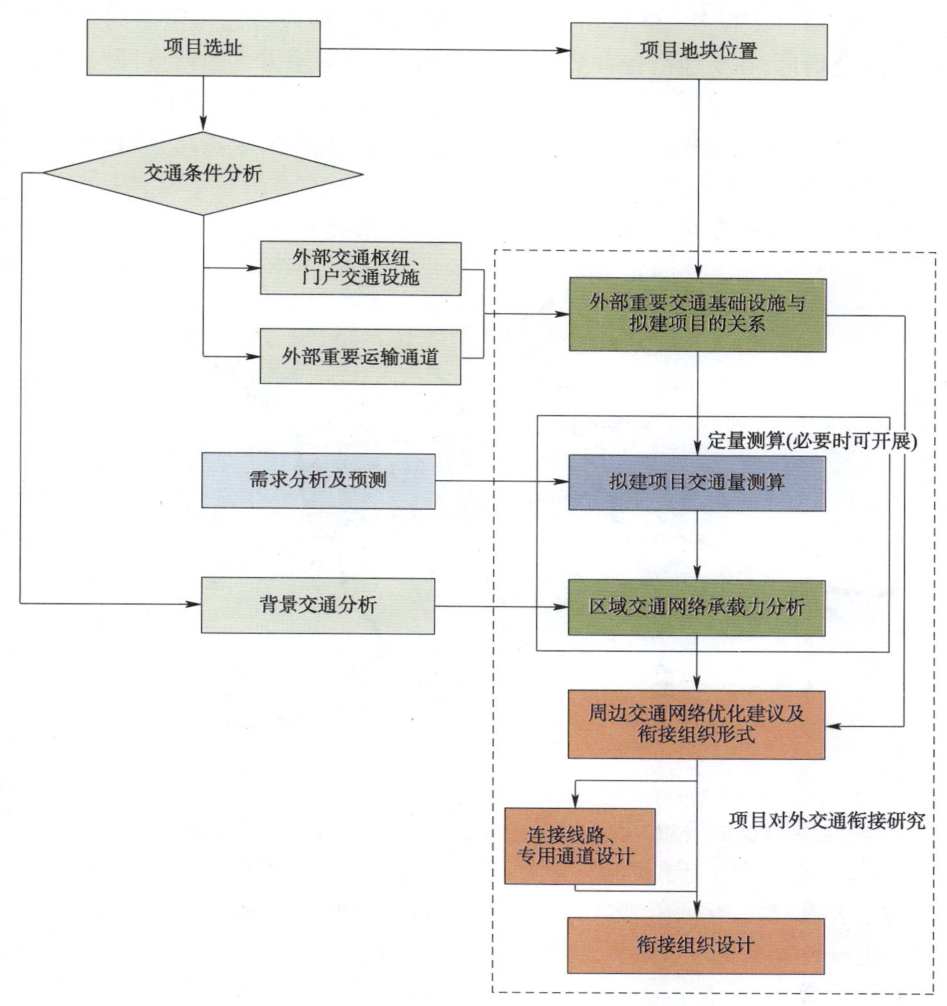

图6-6 货运枢纽（物流园区）项目对外交通衔接思路及步骤示意图

1）项目与周边运输通道的相互关系

一般情况下，在货运枢纽（物流园区）项目选址阶段，交通条件已经作为一项重点因素予以考虑。本节内容是在此基础上，进一步研究项目与外部交通设施之间的距离及衔接方式,衔接线路的规模、标准等,重点考虑项目如何与高速公路出入口、铁路及站场、港口、机场等具体衔接问题。因此需要明确项目与外部的交通枢纽及重要交通通道之间是否已有或规划了专用线路、通道相衔接,分析既有及规划的交通衔接设施能否满足拟建项目的集疏运需求。

如拟建项目具有多式联运功能,在项目规划布局时应考虑预留不同运输方式的换装作业场地,在交通衔接方案设计时应考虑不同运输方式的特点,做好交通线网衔接。依托港口、机场或铁路站场的多式联运型货运枢纽(物流园区)项目一般车流量较大,高峰时段集中,对集散通道设施的等级、规模要求较高,应在规划项目外部集散通道时统筹考虑。

典型货运枢纽(物流园区)项目外部路网及对外集疏运系统如图 6-7 所示。

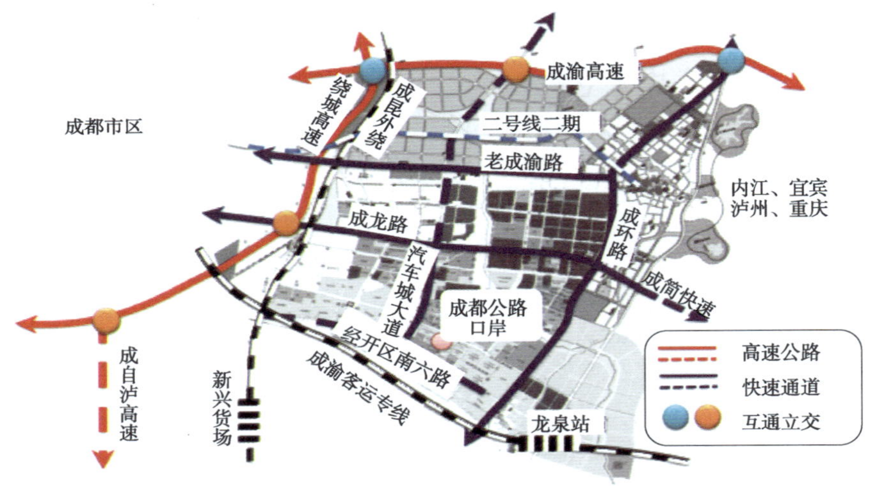

图 6-7 典型货运枢纽(物流园区)项目外部路网及对外集疏运示意图

注:资料来源于《成都公水联运物流基地(成都公路口岸)可行性研究报告》(2009)。

2)拟建项目集散交通量测算

对于规模较大、交通组织较为复杂的项目,应根据项目设计年度货运吞吐量的预测结论进行集散交通量测算,方法参见专栏 6-2。对于大部分货运枢纽(物流园区)项目,送货、发货的车辆大多集中在几个高峰时段,因此测算拟建项目高峰小时交通量有助于设计咨询人员科学地研究集疏运通道运输能力,合理判定设计规模。本书给出了货运枢纽(物流园区)项目产生的道路交通量测算方法,其他如铁路专用线、专用码头等运输方式所承担的集散交通量可参考其设计能力,通过实地调研、参考必要的参数换算成标准货车。

专 栏 6-2

货运枢纽(物流园区)项目产生的集散交通量测算方法

集散交通量是项目物流作业产生的车流量在周边路网范围内的时空分布,其测算方法的基本原理与基于区域空间均衡的交通建模思路一致。通常可根据需求预测的结论进行推算,也可根据设施规模进行间接推算。

1. 根据需求预测结论计算交通量

一般可根据货运枢纽(物流园区)需求预测的结论,结合货物吞吐量、物流作业量等预测指标,计算项目设计年度产生的交通量。根据项目货物吞吐量推算交通量可采用公式如下:

$$T=\sum_{i=1}^{n}\frac{\gamma_i G_i}{365\times W_i\times k_i}\qquad(i=1,2,\cdots,n)\tag{6-1}$$

式中,T 是项目的日均交通生成量;G_i 是项目 i 类型的货运车辆年总货物吞吐量,且所有类型货运车辆的年货运物吐量之和等于项目的总货物吞吐量;γ_i 是 i 类型货运车辆的换算系数;W_i 是 i 类型货运车辆的标准载重量(t);k_i 是 i 类型货运车辆的平均满载率。

在此基础上,如需计算货运枢纽(物流园区)项目产生的高峰小时交通量,可采用公式如下:

$$T_p=\sum_{i=1}^{n}\frac{\lambda_i\gamma_i G_i}{365\times W_i\times k_i}\qquad(i=1,2,\cdots,n)\tag{6-2}$$

式中,T_p 是项目货运交通高峰小时交通生成量;λ_i 是项目 i 类型货运车辆的高峰小时流量比。

上述公式中各参数的取值、项目车辆的类别划分及其换算系数应在参照城市道路有关标准规范的基础上,结合项目自身特点及服务对象进行取值,见表 6-4。其中 λ_i 值的波动在 9% ~14% 之间,当交通饱和度较高时,则 λ_i 值较小,当交通饱和度较低时,则 λ_i 值较大。

车辆换算系数　　表 6-4

车辆类型	小客车	大型客车	大型货车	铰接车
换算系数	1.0	2.0	2.5	3.0

注:资料来源于《城市道路工程设计规范(CJJ 37—2012)》。

2. 根据设施规模匡算交通量

对于不同货运服务设施产生的交通量还可以根据不同功能区的占地规模或设施的建筑规模进行大致匡算。目前国内该领域还没有系统的统计,规划人员往往根据不同项目,选择与拟建项目类型相同的建筑物对其交通发生和吸引情况进行调查,并且综合考虑项目实际情况进行适当的修改,确定本项目的交通量。

美国交通工程师学会(ITE)的《出行生成》已经推出至第九版,在大量实例调查和分析的基础上,得出了所有类型建设项目产生的交通量数据。表6-5摘录部分与货运设施相关的数据以供参考。

货运枢纽(物流园区)项目各类相关设施产生的高峰小时交通量 表6-5

设施类型	高峰小时交通量(pcu/万 m^2)
汽车货运站	16.2(占地规模)
一般重工业	5.3(占地规模)
一般轻工业	104.4(建筑规模)
工业园区	91.5(建筑规模)
加工与制造设施	78.6(建筑规模)
仓库	34.4(建筑规模)
小型仓库	28.0(建筑规模)
立体仓库	12.9(建筑规模)
配套设施	81.8(建筑规模)

此外,货运枢纽(物流园区)项目产生的交通量也可参考同类项目进行类比、推算。

3)区域交通网络承载能力分析

需要开展区域交通网络承载能力分析的项目,应根据交通量测算的结论,将预测的项目货物或货车交通量发生和吸引数据“加载”到实际或规划的交通网络中去,进而分析判断在既有规划实施的情况下,项目与周边对外交通设施连接通道的走向、规模、标准是否满足园区发展要求,以及项目对周边综合交通网运行状况的影响。需要强调的是,此项工作重点应关注周边交通网中瓶颈地段的通行能力,如引出铁路专用线的铁路站场,航道中的船闸,高速公路或快速路的互通立交,干线公路及城市道路的平面交叉口等。

测算规划区域的交通网络和物流通道上货运量或交通量的分布情况，一般可采用较为成熟的交通分配模型，如全有全无法、递增分配法、容量限制法、用户平衡法、随机用户平衡法、系统优化法等，可利用 TransCAD 等交通软件工具进行仿真。

4）提出明确的交通组织与衔接方案建议

交通组织方案除了分析项目与周边既有或规划的重要交通通道之间的关系，以及区域交通网络承载力等相关技术问题外，还应针对外部集疏运通道的数量、规模、建设标准与规划、交通等有关行业主管部门进行深入沟通，提出项目周边集疏运设施的改善建议，以保证项目对外运输通道的连通、顺畅以及运输效率。同时，项目总平面布局方案设计人员需要了解交通通道合理的组织方案，合理布设各个功能区，才能真正发挥交通运输对货运枢纽（物流园区）的服务保障作用。已单独开展交通影响评价的货运枢纽（物流园区）项目，可将评价结论作为交通衔接与组织的重要依据，直接纳入项目总平面设计方案中。

为减少货运枢纽（物流园区）项目对周边交通网络的影响，可以采取的措施包括以下几种：①项目内建设货运专用道路、铁路专用线或专用码头等，主要货运通道与交通枢纽直接连接，优先解决大宗物资或流量大的货物运输，既避免或减少项目内部客货混行，又可解决对周边城市交通可能带来的拥堵及安全隐患等问题；②合理预判项目生成的货运量、辐射区域和关键通道，对项目周边的交通基础设施提早进行改扩建或新建，提高其通行能力；③提高项目内车辆的行驶效率和满载率，减少交通量；④实时跟踪观测项目区域内车流路线，根据需要调整运输通道线路和建设规模，科学合理地安排运输车辆路线；⑤对项目周边道路采取智能交通组织与管理，尽量降低其对主要路段和路口的交通影响。

四、内部交通组织

内部交通组织是指货运枢纽（物流园区）项目内部各功能区之间的交通组织与衔接。内部交通组织应考虑因素主要包括：①项目外部运输通道的规划情况；②各功能区布设及物流服务作业类型；③内部路网形态；④交通流线设计；⑤园区道路设计。前两个因素也是项目立项、规划建设的前置条件，在本书的第二、第四、第五章分别进行了论述。本章节重点考虑园区内部路网形态、交通组织及流线设计、道路设计等三个方面问题，具体工作思路如图 6-8 所示，即根据项目的地块形状、地形条件，同时考虑项目类型、功能定位及作业流程、功能区布局等因素，确定园区内部路网形态并设计交通流线；在此基础上，结合项目总体规模及需求预测结论，确定道路面积率、道路等级、红线宽度等重要指标。

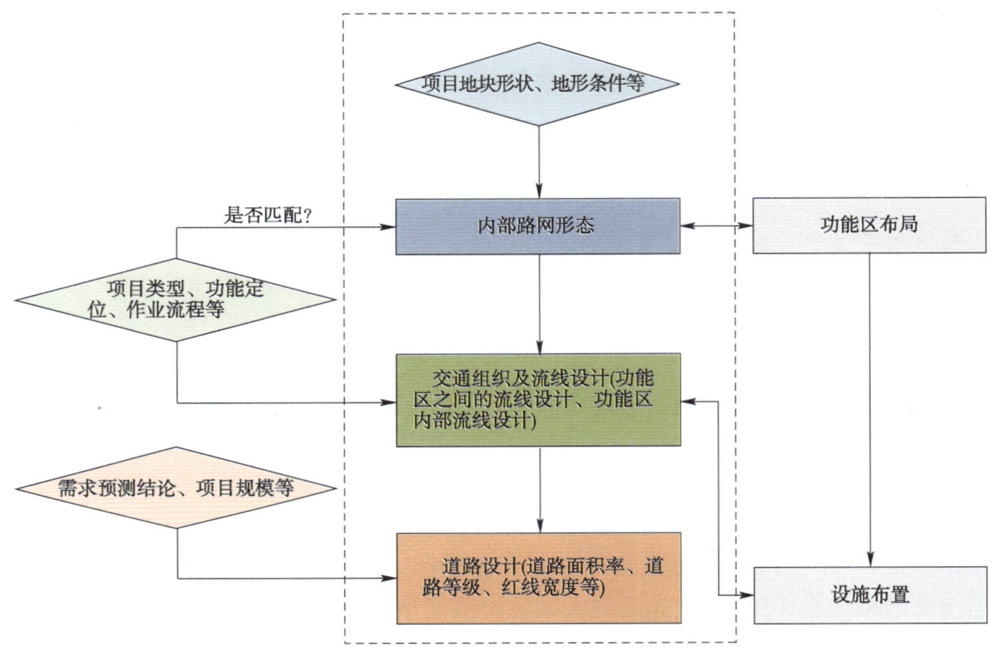

图6-8 货运枢纽(物流园区)项目内部交通组织思路及步骤示意图

1. 布局原则

货运枢纽(物流园区)项目内部路网是项目的运输骨架,是项目区域内部各功能区之间的天然屏障,其功能主要是联络其内部不同组成要素,同时衔接项目与周边的各种交通方式运输通道。项目路网系统也是消防通道和景观构成的重要因素,需要满足货运需求和人流的安全畅通,以及市政工程管线敷设、日照通风、救灾避难等要求。因此,货运枢纽(物流园区)项目内部路网设计要做到"层次清晰、功能明确"。为充分发挥内部路网在货运枢纽(物流园区)项目建设和发展中的重要作用,在路网布设中一般应考虑以下几个原则:

1)与项目地块、自然环境相协调

应充分考虑项目所在地块的地形条件及周边自然环境特征,做到路网形态与周边景观(如绿地、水体、地貌特征等)相结合,形成自然、协调的风貌。

2)与功能区布局相适应,充分考虑多式联运的功能需求

货运枢纽(物流园区)项目内部交通网络的布设及分区形状应有利于各功能区对用地的分配。具有多式联运功能的货运枢纽(物流园区)项目应首先进行机

场、铁路、港口等大容量运输方式的货运设施的规划设计，可参考相关标准规范（见表6-6），合理规划多式联运集散通道。通常情况下项目内部与机场货站、铁路枢纽或货场、港口码头等衔接的主要通道上车流量大，因此联运作业区应尽量临近项目主通道，便于路网布局、满足多式联运功能的需求，同时尽可能减少货运交通对周边道路和项目内部道路的交通影响，保证货运枢纽（物流园区）项目内外交通的顺畅、安全。

相关铁路、港口设计规范 表6-6

参考规范	相关内容及要求
《铁路专用线、专用铁路管理办法（试行）》（铁运〔1995〕107号）	新建、改扩建专用线的规划、布局，运输管理等
《铁路站场客货运设备设计规范》（TB 10067—2000/J 70—2001）	货运枢纽（物流园区）项目内部的铁路货运站、货场及货运设备设计标准
《海港总平面设计规范》（JTJ 211—99）	港址选择，煤炭、矿石、散粮、集装箱码头的装卸机械选型和工艺布置，港口主要建设规模的确定等
《河港工程总体设计规范》（JTJ 212—2006）	内河港口的新建、改建和扩建工程的总体设计

3）体现弹性规划的思想，符合可持续发展要求

由于货运枢纽（物流园区）项目内各地块服务功能、建设时序不同，在设计项目内部路网布设方案时应为远期发展留有余地。对于已有建设意向的近期发展用地，应根据物流作业需求配置适宜的道路等级；对于远期发展用地，应明确骨架道路网，处理好近远期发展关系。

4）满足市政、消防、安全卫生、环境保护等要求

力求避免由于道路布置不合理而使危险品、易燃品、易爆品、易污染品的运输穿过其他物流作业区域及生活区。应合理设计物流作业流线，尽量缩短货车在货运枢纽（物流园区）项目内的运输距离，以降低汽车运输的噪声、振动、尾气对项目环境的影响。

2. 常见布置形式及适用情况

1)脊状式

脊状式道路:是指进入系统的交通流在项目内部主要通道内,经由次要通道向各个功能区分流;而驶离的交通流则从各个功能区经由次要通道汇总至主要通道,如图6-9所示。这种单进单出的组织方式有利于车辆快捷通畅地进出。脊状式布局结构简单,运输线路容易组织;其缺点是两端的功能区距离较远,项目内主通道的交通压力较大。一般适用于规模较小且功能较单一的货运枢纽(物流园区)项目,或沿江、沿山地布置的地形条件限制较大的货运枢纽(物流园区)项目。

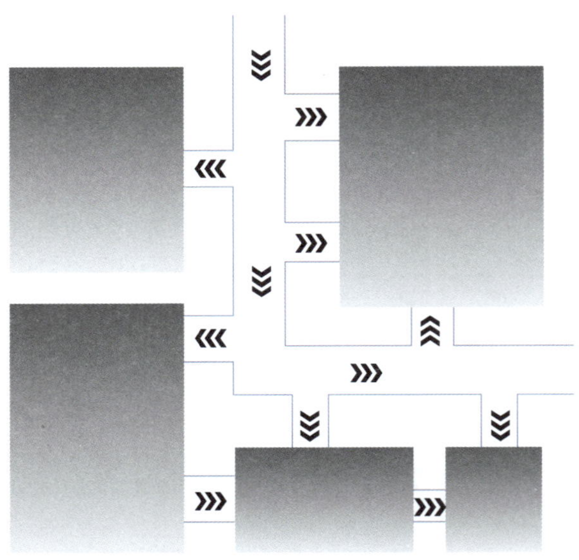

图6-9 货运枢纽(物流园区)项目脊状结构示意图

专 栏 6-3

货运枢纽(物流园区)项目脊状布局案例

南京龙潭物流园区是以港口为依托的综合性国际物流园区,位于龙潭港区后方。园区总占地7.36km^2,前方是南京唯一尚未利用的长7.6km的深水岸线,市政府将其中港口后方平均纵深1km的区域全部纳入了物流园区规划发展范围。园区形成了沿江、沿港口发展的空间布局结构,主要交通组织流线呈脊状分布,如图 6-10 所示。

图 6-10 南京龙潭物流园区空间结构与交通组织示意图

注:资料来源于《南京龙潭物流园区总体规划》。

2)环形式

环形式道路:是指内部道路沿着各功能分区周围布置,道路大多平行于主要建构筑物,组成纵横贯通的道路网,如图 6-11 所示。环形式布置方式,便于各分区的相互联系,交通运输、消防及工程技术管线的敷设,以及货流、人流的组织,是目前货运枢纽(物流园区)项目采用较多的道路布置形式。它的缺点是道路总长度长,占地多,对场地地形要求高。一般适用于吞吐量较大,场地条件好的货运枢纽(物流园区)项目。

3)放射式

放射状布置道路是环形式的一种变化,往往有一个布置核心或顶点,功能区围绕布置核心或顶点逐步扩展,与核心区的关联度由内向外逐渐减弱,内部路网呈现出由中心区向外放射的形态,如图 6-12 所示。较为典型的是港口货运枢纽(物流园区)项目和空港货运枢纽(物流园区)项目,通常以港口和机场为顶点构成扇形放射状路网。

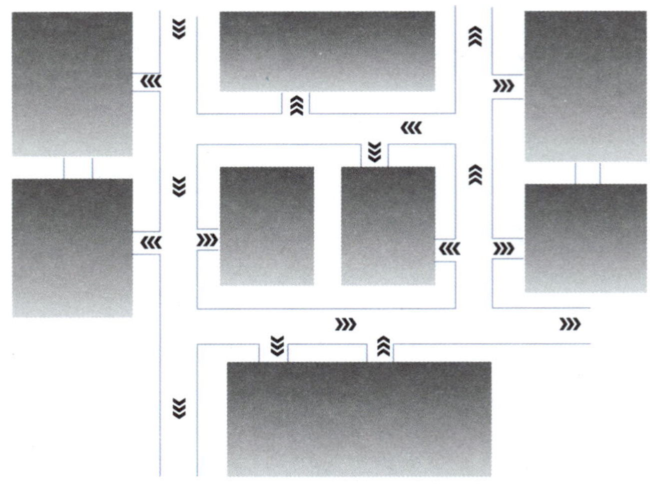

图 6-11　货运枢纽(物流园区)项目环形式结构示意图

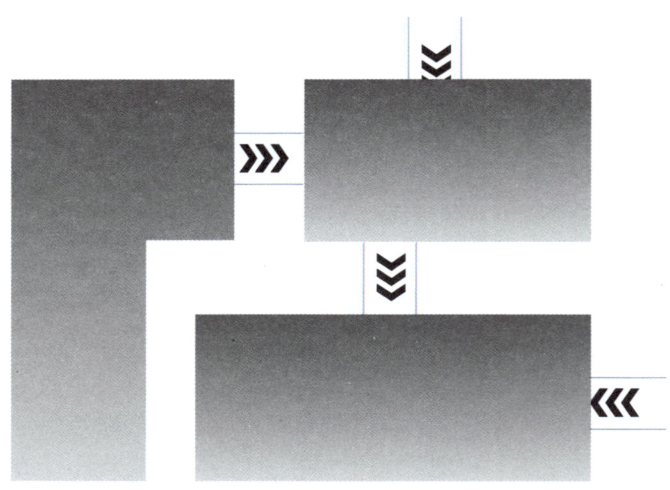

图 6-12　货运枢纽(物流园区)项目放射式结构示意图

专　栏　6-4

货运枢纽(物流园区)项目放射状路网布局案例

宁波(镇海)大宗货物海铁联运物流枢纽依托宁波港镇海港区,对镇海后海塘片区的物流用地进行了整体布置规划。路网结构基本呈以港口为中心的扇形放射状路网。以临海路、化工区主干道、威海路三条疏港大道辅以四条局部联络的主干路,形成了“四横四纵”路网结构骨架,如图6-13所示。

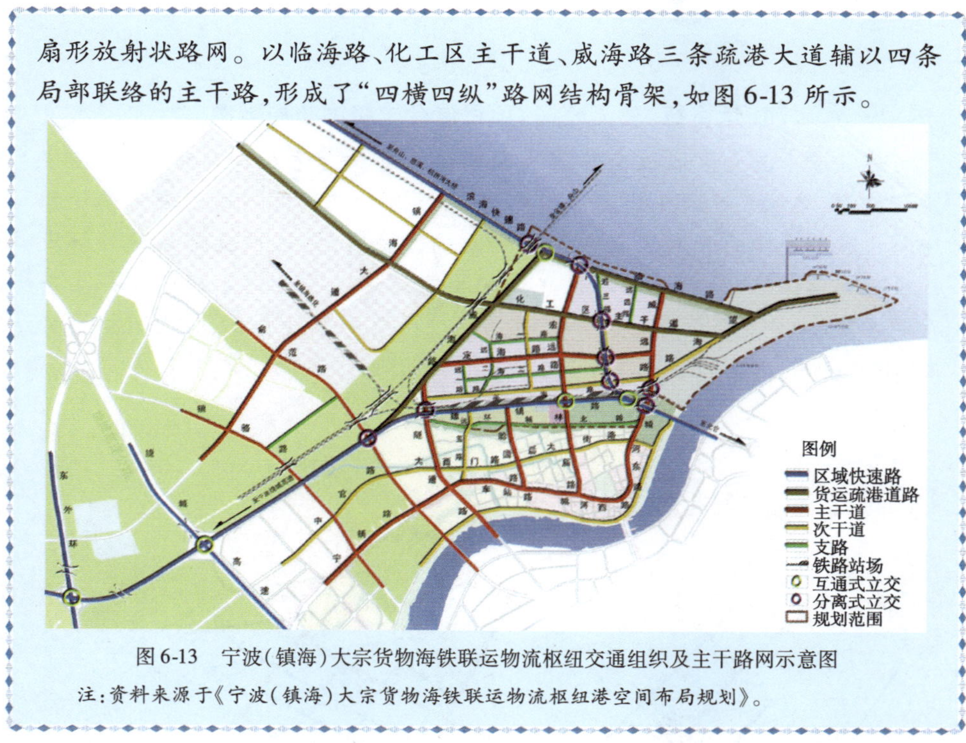

图6-13 宁波(镇海)大宗货物海铁联运物流枢纽交通组织及主干路网示意图

注:资料来源于《宁波(镇海)大宗货物海铁联运物流枢纽港空间布局规划》。

4)混合式

在货运枢纽(物流园区)项目内同时采用上述两种及以上交通组织形式,称为混合式布置形式,如图6-14所示。这种布置形式的优点是既满足了生产、运输的要求,保证人流、货流畅通,又能适应场地建设条件的变化,节约用地和减少土石方工程量,是一种较为灵活的布置形式。一般适用于规模较大、功能较为复杂的货运枢纽(物流园区)项目。

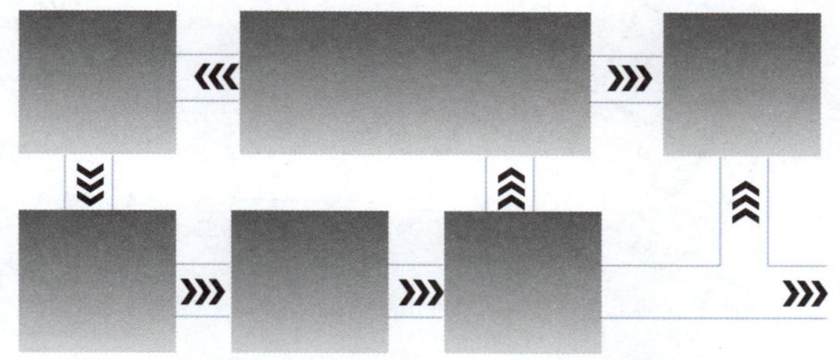

图6-14 货运枢纽(物流园区)项目混合式结构示意图

专 栏 6-5

货运枢纽(物流园区)项目混合式路网布局案例

连云港中云台区域性国际物流园区位于港口后方延伸地带,分布在烧香河两岸,其综合交通规划图如图 6-15 所示。物流园区内通过较为便捷的道路设施与周边的开发区和临港产业区进行联系,园区内道路设施可解决园区内部商务、通勤以及与城区之间的出行需求。另外由于周边山林生态景观丰富,部分道路还兼具景观大道功能。道路网兼具脊状、放射状格局特点,路网结构分为快速路、主干路、次干路、支路四个等级。

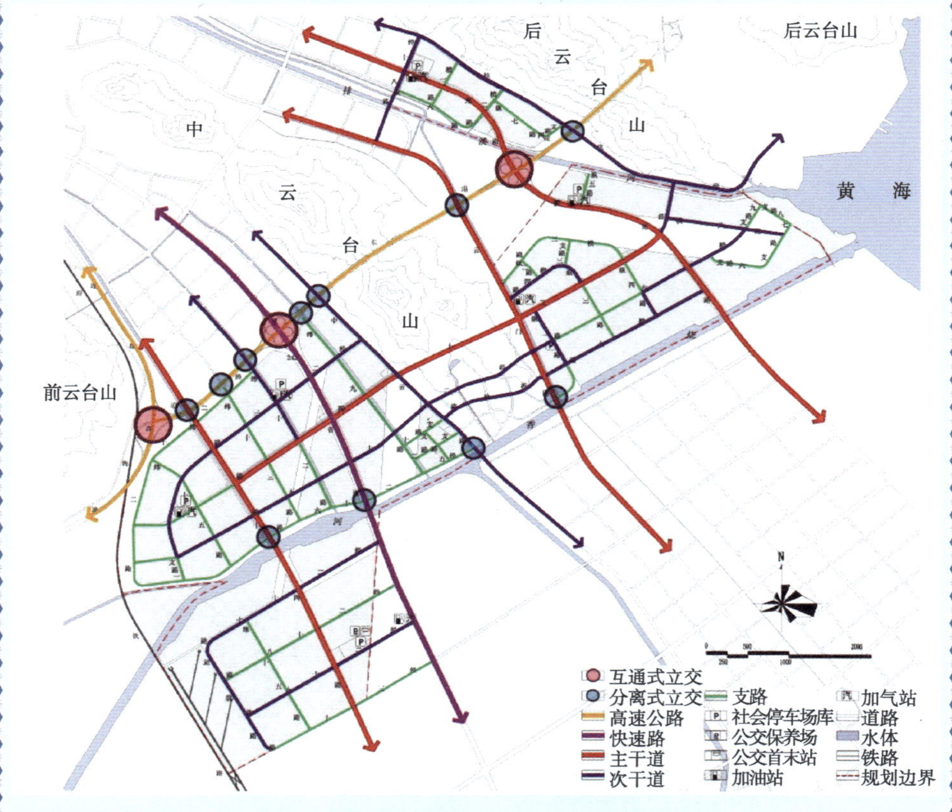

图 6-15 连云港中云台区域性国际物流园区综合交通规划图

3. 内部道路设计要求

在明确路网布设形态、确定交通流线之后，需要对内部道路进行设计。项目可行性研究阶段的道路设计内容一般包括确定道路面积率、道路等级与红线宽度、横断面形式及路面条件等。

需要注意的是：货运枢纽（物流园区）项目内的道路属于市政道路，一般应遵循城市道路设计工程规范，但考虑到货运枢纽（物流园区）项目具有大型货车较多、货流量大等特征，需要准确把握车型比例结构及项目作业的高峰时段，明确其对项目内部道路使用要求，合理计算道路规模并正确选取有关参数。

1）道路面积率

货运枢纽（物流园区）项目道路面积率是指内部道路占地面积与总占地面积之比。在货运枢纽（物流园区）项目总用地规模中强调道路面积率指标，是要求其预留足够的道路空间，保证内部的通道畅通，提高运输服务水平。影响道路面积率的因素包括货运枢纽（物流园区）项目交通生成量、交通设施状况、货运车辆类型及其比例等，其中交通生成量是影响道路面积率的关键因素，可由物流量换算得到。因此，货运枢纽（物流园区）项目的规模、功能定位、服务对象、作业类型不同，其内部道路的面积率也应不同。一般而言，货运枢纽（物流园区）项目用地强度越高，其道路面积率也应相应提高。道路面积率具体测算方法及推荐性指标在本书第三章进行了具体介绍。

2）道路等级结构及车道数

目前，我国关于货运枢纽（物流园区）项目内部道路的等级划分标准尚未统一。通常情况下，参照市政道路的标准规范进行设计，但应充分考虑项目各功能区物流服务的货物类型、物流作业模式等因素，选择适宜的道路等级。根据《城市道路工程设计规范 CJJ 37—2012》，城市道路分为快速路、主干路、次干路和支路四个等级。项目内一般不设快速路，主要包括主干路、次干路、支路三个等级，可根据实际需求进行布设。不同等级的道路宽度不同，在项目路网中的地位与功能也不相同。

①主干路

主要服务于项目区域进出的交通流，是内部道路的骨架，大宗物资、多式联运集疏运通道，也是连接内部主要出入口的道路。一般应能辐射项目主要功能分区，也可作为功能分区的分界线，具有较大通行能力。

②次干路

主要服务于项目主干路与支路之间的交通流，是项目内部各功能区之间运输繁忙的道路，也是项目次要出入口之间的连接道路。次干路沟通功能区内部各组成部分,并且联系周围功能区域,为主干路分担车流量。在规模较大的货运枢纽(物流园区)项目中,次干路在项目内部作为主干路的辅助性道路,在各个功能分区内部起到干线道路的作用。

③支路

主要指项目内部各功能用地分区内的道路或与功能区内部建筑物出入口相接的道路,连接次干路、支路与仓库、堆场、生活设施等建筑物的出入口,作为搬运货物的通道等。支路直接服务于各功能分区内部的交通集散。

此外,根据物流活动实践案例分析,货运枢纽(物流园区)项目的道路面积率、道路等级结构和车道数与项目的用地强度呈正相关性。通过对已建货运枢纽(物流园区)项目的统计分析,在项目可行性研究中,上述三项指标的取值比例见表 6-7。

货运枢纽(物流园区)项目道路面积率、道路等级结构及车道数参照表 表 6-7

用地强度[万 t/(km² · 年)]	道路面积率推荐值	推荐道路等级结构	车 道 数
<100	5% ~10%	主干路	两车道或四车道
		支路	单车道或两车道
100 ~150	10% ~15%	主干路	四车道
		支路	单车道或两车道
150 ~200	15% ~20%	主干路	四车道或六车道
		次干路	两车道或四车道
		支路	单车道或两车道
>250	20% ~25%	主干路	六车道
		次干路	四车道
		支路	单车道或两车道

目前我国尚无专门的货运枢纽(物流园区)项目道路标准规范,因此项目的道路等级、红线宽度及车道数的确定方法可参考既有公路、城市道路设计规范确定,见表 6-8。但对于承担区域间、省际物流活动的货运枢纽(物流园区),考虑到大型货车、中型货车占比较高,建议道路设计规范可参照国家颁布的《公路工程技术标准》(JTG B01—2014)执行。

相关公路、城市道路设计规范 表6-8

参考规范	相关内容及要求
《城市用地分类与规划建设用地标准》(GB 50137—2016)	路网密度、道路面积占总用地的比重
《城市道路工程设计规范》(CJJ 37—2012)	道路分级、设计速度、设计车辆、横断面、平面、纵断面、交叉口设计等; 大型车或混行车道的车道宽度(3.75m,时速大于60km;3.5m,时速小于或等于60km)
《城市道路交通规划设计规范》(GB 50220—1995)	货运道路应能满足城市货运交通的要求,以及特殊运输、救灾和环境保护的要求,并与货运流向相结合; 货运专用车道,应满足特大货物运输的要求; 大型工业区的货运道路,不宜少于两条; 当昼夜过境货运车辆大于5000辆标准货车时,应在市区边缘设置过境货运专用车道
《公路工程技术标准》(JTG B01—2014)	不同车型相应折算系数、通行能力、车道宽度计算方法

第七章　市政配套方案

货运枢纽(物流园区)项目的市政配套方案主要涉及给排水、供电、电信工程、燃气、管线综合、防灾、环保和节能等相关内容。根据建设项目性质和侧重点的不同,内容表述有所区别。

在货运枢纽(物流园区)项目的可行性研究阶段,市政配套方案的研究重点是针对以上内容,估算并给出用量需求及设施的基本布设或衔接要求。

第一节　主要内容

一、给水排水工程

1. 给水

主要包括以下两方面内容:

(1)确定用水需求量和水质要求。按照生产用水、生活用水、消防用水等,分别计算年用水量和日用水量,确定用水参数,并提出水质要求,在此基础上编制日用水量表,给出最大小时用水量以及最高日用水量指标。

(2)说明给水水源来自哪里,具体的取水方式,明确项目的给水方案。

通常给水方案须依托城市给水管网解决,因此要明确项目用水与市政给水管网之间的衔接关系。如果项目距离城区较远,社会供水不能满足需要,可研究提出自建给水方案,分析水源地条件,确定取水位置,并列出主要设施、设备。

2. 排水

主要包括两方面内容:一是要确定排水量,预计项目污、废水最高日排水量和最大时排水量指标;二是要分析排水污染物成分,根据排水量和污水性质确定排水方案,说明排水系统中污废水排水和雨水排水系统是否要求分设,以及排水系统与市政设施的关系。尤其要注意的是，雨季周期长、雨水多或有地形条件限制的特殊地区，排水系统容易不畅，应对上述地区项目排水系统提出明确设计要求或注意事项。

二、供电工程

主要研究确定电源方案、用电负荷、负荷等级、供电方式以及是否需要自备供电设施等。

项目可行性研究中，应在调研本区域内同类项目实际用电情况的基础上，计算拟建项目总用电负荷相关参数，包括年均用电负荷、日最大用电负荷、总设备容量、计算容量、应急负荷容量、应急计算容量等指标，并应给出项目供电负荷等级、供电电源配置和变配电系统设计的要求，以及火灾自动报警及联动控制系统保护方式等。

三、电信工程

主要研究拟建项目生产运营所需的各类电子通信及联网设施（如有线通信、无线通信、卫星通信等），提出通信设施的建造、接入方式等，并提出不同功能区域的建设需求及设计参数建议。

四、燃气供热工程

结合当地资源和能源实际，对气源、热源进行综合性的统筹安排利用，对相应燃气、热力管网及设施予以规划设计。其中，燃气工程一般可参照相应的规范，结合项目类型特点，确定项目燃气用量、燃气输配设施的位置、容量及输配管网与周边燃气管网的衔接方案。供热工程主要计算项目范围内热负荷、在项目范围内布局供热设施和供热管网，确定供热管道的管径及与周边供热管网的衔接方案。

五、弱电系统

该部分是对货运枢纽（物流园区）项目范围内相关弱电系统提出建设要求。如果内容较多，必要情况下也可单独编制工程可行性研究报告。主要包括：火灾报警系统、环境与设备监控系统、变配电监控系统、停车场管理系统、办公自动化系统、无线系统（包括保安无线对讲系统、公安消防无线通信引入系统等）、安全防范系统、日常及应急广播系统、电视系统、应急指挥系统、机房工程、电源及接地系统等内容。

需要注意的是,在可行性研究阶段,有关弱电系统方案内容应首先在研究范围内明确,并可根据建设项目要求确定是否需要单独编制研究报告。此外,弱电系统的方案设计应结合项目信息化建设同步考虑。

六、防灾

该部分主要包括项目消防、防洪、人防、抗震等设防标准、相关设施布局衔接方案及应对措施。

第二节 注意事项

一、市政衔接

市政配套方案应满足两个层面的衔接要求:一是解决与项目所在区域市政管网的衔接;二是解决项目内部市政管网的敷设,满足各项功能建设需要。

与项目周边市政管网的接口设计,应在详细调查了解项目周边区域市政管网布线的基础上,根据本项目的总平面布置方案、主体工程结构与服务需求,综合考虑项目内部市政管网与城市市政管网的布设与衔接问题,尽可能将各类管线工程在同一线位统筹规划,推荐采用共同管沟等方式,做到一次规划、统筹布设、集约土地、满足需求。

二、相关规范

目前在我国工程建设领域,针对各项市政设施的规划设计已经形成了较为完善的标准规范体系,本书不再展开介绍。相关规划设计规范列出如下,供技术人员查询参考,同时应注意按照相应规范的最新版本要求进行使用。

(1)《工程结构可靠性设计统一标准》(GB 50153—2008);

(2)《建筑抗震设防分类标准》(GB 50223—2008);

(3)《建筑抗震设计规范》(GB 50011—2010);

(4)《城市给水工程规划规范》(GB 50282—2016);

(5)《城市排水工程规划规范》(GB 50318—2000);

(6)《城市工程管线综合规划规范》(GB 50289—2016);

(7)《建筑给水排水设计规范》(GB 50015—2010);

(8)《室外排水设计规范》(GB 50014—2006);

(9)《泵站设计规范》(GB/T 50265—2010);

(10)《地表水环境质量标准》(GB 3838—2002);
(11)《城市区域环境噪声标准》(GB 3096—2008);
(12)《民用建筑电气设计规范》(JGJ/T 16—2008);
(13)《10kV 及以下变电所设计规范》(GB 50053—2013);
(14)《3~110kV 高压配电装置设计规范》(GB 50060—2008);
(15)《系统接地的型式及安全技术要求》(GB 14050—2008);
(16)《低压配电设计规范》(GB 50054—2011);
(17)《供配电系统设计规范》(GB 50052—2009);
(18)《建筑物防雷设计规范》(GB 50057—2010);
(19)《电力装置的继电保护和自动装置的设计规范》(GBT 50062—2008);
(20)《电力工程的电缆设计规范》(GB 50217—2007);
(21)《城市电力规划规范》(GB 50293—2014);
(22)《电力装置的电测量仪表装置设计规范》(GB/T 50063—2008);
(23)《建筑物电子信息系统防雷技术规范》(GB 50343—2012);
(24)《电子设备雷击保护导则》(GB 7450—1987);
(25)《公路隧道通风照明设计规范》(JTJ 026.1—1999);
(26)《城镇燃气设计规范》(GB 50028—2006);
(27)《城镇供热管网设计规范》(CJJ 34—2010);
(28)《恶臭污染物排放标准》(GB 14554—93);
(29)《大气污染物综合排放标准》(GB 16297—1996);
(30)《工业企业设计卫生标准》(GBZ 1—2010);
(31)《公路通信技术要求及设备配备》(GB/T 7262—2009);
(32)《通信电源设备安装工程设计规范》(YD 5040—2005);
(33)《工业电视系统工程设计规范》(GB 50115—2009);
(34)《民用闭路监视电视系统工程技术规范》(GB 50198—2011);
(35)《电子信息机房设计规范》(GB 50174—2008);
(36)《计算机软件测试文件编制规范》(GB/T 9386—2008);
(37)《数字网系列比特率电接口特性》(GB/T 7611—2016);
(38)《通信局(站)防雷与接地工程设计规范》(GB 50689—2011);
(39)《通用用电设备配电设计规范》(GB 50055—2011);
(40)《通信管道与通道工程设计规范》(YD 5007—2003);
(41)《通信管道工程施工及验收规范》(GB 50374—2006);
(42)《城市道路交通规划设计规范》(GB 50220—1995);

(43)《城市道路设计规范》(CJJ 37—2012);

(44)《市政公用工程设计文件编制深度规定》(建质〔2004〕16 号);

(45)《建筑设计防火规范》(GB 50016—2014);

(46)《建筑灭火器配置设计规范》(GB 50140—2005);

(47)其他有关设计规范;

(48)有关部门批准文件和相关专业图纸资料。

第八章　信息化建设方案

伴随着现代物流和电子商务发展，货运枢纽（物流园区）项目的信息化建设方案在其运营和管理过程中显得日益重要。建立统一、共用的信息系统，是建设现代货运枢纽（物流园区）的发展方向，有利于进一步提高项目的运营效率、管理水平和应急保障能力。

第一节　概念与要求

作为"货运枢纽（物流园区）"项目的可行性研究中有关信息化建设方案内容，主要侧重点在于根据项目的共用信息平台的建设需求，处理好其与土建工程之间在软硬件系统功能上的协调，提出信息化设施设备的投资估算。核心需关注并解决两个问题：

（1）明确在货运枢纽（物流园区）项目内相关各方（入驻企业、平台商或管理机构、政府部门等）间信息共享和交换的基本需求。

（2）研究提出拟建项目信息平台的服务对象，明确下阶段拟建项目信息化的建设重点。应从推进项目整体功能发挥和信息化建设的完备性角度出发，针对初步的技术方案和实施策略提出建议，并对研究人员在下阶段专项研究工作提出要求。

专　栏　8-1

"公共"与"共用"物流信息平台的区别

物流信息平台的构建，是物流信息化发展的基础和关键。现实中经常出现"公用""共用"物流信息平台概念的混合、交叉使用，容易导致理解偏差，阻碍建设和发展。国内有关学者、专家对此做了研究，提出了一些分析观点。

(1)“公用”信息平台，使用者可以无偿使用，是实现整体利益最大化；而“共用”平台是有偿使用，实现的是部分利益的最大化。

(2)“公用”与“共用”物流信息平台的权属特征、服务范畴和对象不同。公用(For the public use/common use)：权属国有或社会公益组织，有明显的公益性。公用物流信息平台，是为国家或某个区域整个国民经济和公民提供支持和服务；共用(Share by selected and specific people)权属某些群体，有特别的针对性。共用物流信息平台，仅对有共同利益的一些具体的或特殊的团体提供支持和服务。

(3)公用物流信息平台是通过对公用物流数据(如交通流背景数据、物流枢纽货物跟踪信息、政府部门公用信息等)的采集、分析及处理，为物流服务供需双方的企业信息系统提供基础支撑信息，满足企业信息系统中部分功能(如车辆调度、货物跟踪、运输计划制定、交通状况信息查询)对公用物流信息的需求，支撑企业信息系统功能的实现。公用信息平台的本质是物流信息集成平台，它是以实现物流业规模化、效率化为目的，以先进的信息技术为支撑，以信息共享为手段而建立的信息平台。它是政府和企业为了实现信息、资源完全共享而构建的平台，企业能够以最少的投入获得最大的利益。

(4)共用物流信息平台是充分利用先进的信息技术、计算机处理技术、网络技术、数据通信技术等有效地整合各种物流信息资源，实现物流信息的采集、处理、组织、存储、发布和区域内共享；完成物流信息的集成和各物流子系统的协作与整合；为物流平台各层次的用户主体提供基于全系统范围的信息服务和辅助决策，从而加强物流企业之间的合作，形成并优化供应链。共用物流信息平台只能实现信息资源的部分共享，信息资源具有一定的保密性，即只有使用平台的企业内部可以共享资源，对于外部企业只能共享公开的资源。

此外，“公共”与“共用”物流信息平台在信息的标准化程度、整合资源的力度方面都存在差别。

交通运输部于2013年11月印发的《交通运输物流公共信息平台建设纲要》指出，“公共平台”是由交通运输主管部门推进建设，以提高社会物流效率为宗旨，以实现物流信息高效交换和共享为核心，以统一的标准为基础，以连通各类物流信息平台、企业生产作业系统，消除信息孤岛为目的，面向全社会的公共物流信息服务网络。“公共平台”的基本特征如下：

(1)“公益性”:不以营利为目的,主要为各物流信息服务需求方提供基础性公共服务。

(2)“开放性”:向全社会提供服务,不局限于特定行业、特定作业环节和特定服务对象。

(3)“共享性”:实现不同部门、不同行业、不同地区间信息交换与共享,减少信息孤岛和重复建设。

由此可见,货运枢纽(物流园区)项目的信息平台建设从权属特征、服务对象等角度界定属于一般意义上的“共用”物流信息平台。

需要说明的是,伴随着物流电子商务和技术进步,货运枢纽(物流园区)的信息化建设日益复杂和重要,一般均需要单独编制工程可行性研究报告和设计方案。此外,货运枢纽(物流园区)项目信息化建设涉及的设施设备投资总额,一般可通过类比同等规模类型的工程做出初步匡算。

第二节 考虑因素

货运枢纽(物流园区)信息化建设方案主要应考虑以下因素:

一、符合行业的相关规范或要求

目前交通运输部已开始着手编制交通运输物流公共信息平台的相关标准,并于2013年11月发布了《交通运输物流公共信息平台建设纲要》《交通运输物流公共信息平台国家级管理服务系统建设方案》《交通运输物流公共信息平台区域交换节点建设指南》等指导文件。2013年12月31日,国家标准委批准的国家标准《物流园区服务规范及评估指标》(GB/T 30334—2013)对物流园区信息平台应具备的基本功能作了详细要求。2014年1月,交通运输部、公安部、国家安全生产监督管理总局联合下发了《道路运输车辆动态监督管理办法》(2014年7月1日起施行),全面、系统地界定了道路运输车辆动态监管过程中对车辆、运输企业、系统平台以及管理机构的相关要求。根据该办法,提供道路运输车辆动态监控社会化服务的平台,应当向省级道路运输管理机构备案,并通过系统平台标准符合性技术审查。货运枢纽(物流园区)信息化涉及道路运输车辆动态监控服务的,应满足上述要求。

此外,部分省市也提出了地方标准,如广东省提出了《物流园区公共信息平台通用规范》(DB 44),对平台体系架构、信息编码规则、基础功能要求、数据接口、系统运行环境要求等5部分内容提出了相应的规范标准。

上述规范标准以及项目所在地区关于信息化的相关规划、要求可作为货运枢纽(物流园区)项目工程可行性研究阶段制定信息化建设方案的依据或参考。

二、预留与其他信息平台的接口

货运枢纽(物流园区)信息化建设需要考虑项目信息化平台与入驻企业、园区与政府、园区与其他园区之间的数据对接,这就要求解决多个信息平台之间的数据接口问题,在进行框架设计时要预留与其他系统(入驻企业信息系统、本地区电子政务平台、其他园区信息平台、区域物流公共信息系统等)的接口,相关的信息系统如图8-1所示。

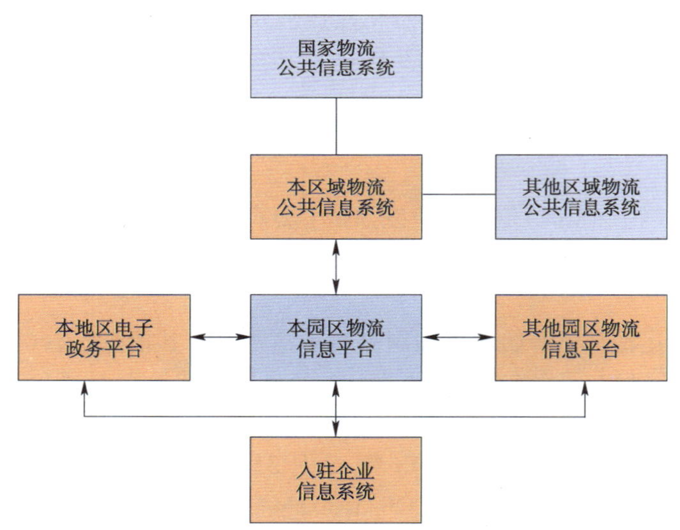

图8-1 物流园区信息平台层次关系图

目前交通运输部正在建设国家交通运输物流公共信息平台(LOGINK,又称物流电子枢纽),该平台是由交通运输部和浙江省人民政府牵头,管理部门、行业协会、软件开发商、物流供应商多方共建的一个开放、共享的物流单据和服务信息交换基础网络,未来将建成国家交换节点、区域交换节点。货运枢纽(物流园区)的信息系统可通过基础交换网络与接入国家交换节点的其他企业信息平台、物流相关业务系统进行信息交换和共享。

三、与相关弱电系统良好衔接

货运枢纽(物流园区)项目往往需要为入驻企业提供基本的通信、视频监控、报警、进出车辆门禁管理等功能的安防监控系统。因此,需在制定信息平台方案时,考虑与安防监控系统进行集成建设,将各安防子系统的前端设备(视频监控摄像头、报警感应器、广播音柱等)通过光纤骨干网络汇聚到拟建的信息系统,数据在后端统一存储、处理、反馈,为入驻企业提供安防监控功能。

四、具备可扩充性、开放性

货运枢纽(物流园区)项目的信息系统还应具有可扩充性和开放性。应研究提出项目信息系统总体架构,根据实际运营需要,分步实施,逐步扩充丰富功能,而不能一味求大求全。

第三节　信息化方案主要研究内容

一、资源分析

分析货运枢纽(物流园区)项目所在地区物流信息化总体应用水平、既有平台等,提出项目信息化建设方案应主要解决的问题。主要包括:企业信息化水平(如是否建有专门的物流管理系统,供应链信息系统等),数据产生的范围、规模和分布情况,适用的交换标准,潜在的信息化改造领域,其他政府或企业平台的建设情况等。

二、需求分析

需求分析是制定信息系统建设方案的重要前提。作为货运枢纽(物流园区)项目整体的可行性研究,信息化建设的需求分析工作主要是梳理信息系统主要的服务对象及业务需求,可暂不考虑具体的信息系统性能需求,而在信息化专项研究中一并考虑。货运枢纽(物流园区)项目典型的信息化应用场景如图 8-2 所示。

从应用场景可以看到,一般的货运枢纽(物流园区)项目信息系统服务对象主要有 4 类:平台商或平台管理机构、入驻物流企业(运输、仓储、零担、货运代理等企业)、货主企业(工业、商贸、电商企业)及政府部门(海关、商检、运政、工商、税务等政府机构)。各类主体对信息资源和服务的需求如表 8-1 所示。

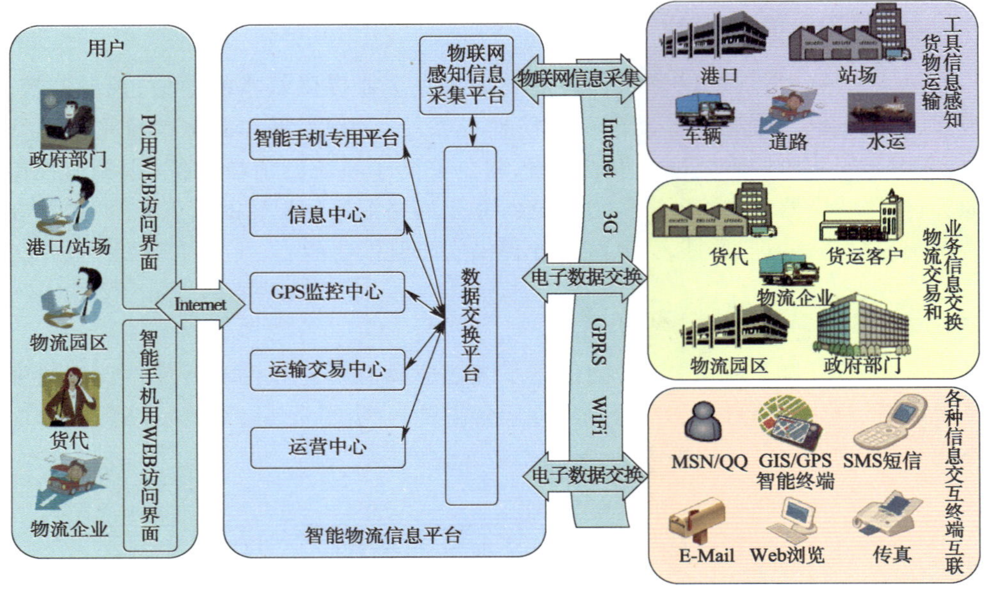

图 8-2　信息平台应用场景图

公共物流信息平台用户对信息资源和服务的需求　表 8-1

用户	构　成	信息需求	服务需求
项目运营管理机构	园区管委会、平台商等	安防监控数据、信息门户、园区日常运营数据、入驻物流企业和货主企业信息	与其他系统对接,及时发布园区动态信息,为入驻企业提供服务,运营维护园区业务管理系统
政府服务部门	行业管理部门、工商、税务、统计部门等	交通基础设施信息,监管信息,行政许可信息,物流业务交易中的各种统计数据信息,物流产业的总体运作情况	通过融合分析物流运行数据,提升行业监管与科学决策水平; 整合物流信息资源,提升政府应急处置的信息支撑服务能力; 建立考核物流诚信服务体系,打造行业良性竞争的环境

续上表

用户	构　成	信息需求	服务需求
入驻物流企业	运输企业、配送企业、货代企业	托运货物信息,集装箱信息,实时货物信息,交通路况信息	实现便利、效率、公平、透明的运输政务处理,提高办事效率; 得到行业信息化工作指导,并降低企业信息化成本; 扶持第三方物流企业,推动物流资源整合; 汇集社会闲散运力,推动公水联运等先进物流组织方式
	仓储企业	货物保管信息,仓储费用,仓库现场监控信息,作业设备信息	
	第三方物流企业	客户基本信息、货源信息、行业动态、实时监控信息、客户满意度评价	
入驻货主企业	工业企业(供应商、制造商)、商业企业(分销商、零售商、电商)	运力信息,铁路班次,交通状况信息,堆场、仓库内信息,货物在途情况,托运价格,运输单证流转情况,仓储分布、类型、面积、仓储价格	实时获取物流过程中的货物状态和流转信息,提升物流服务水平、生产效率和安全保障; 一个可信任的货运交易平台,可以查询物流企业的诚信档案

三、功能设计

根据需求分析的判断,货运枢纽(物流园区)信息系统可包括但不限以下功能,实际可根据项目运营具体要求进行功能设计。

1. 用户管理

主要包括增强对服务交换用户的注册管理,增加对所有用户按物流服务角色分类注册管理的功能。基于基础数据系统,扩展用户统一认证管理功能,实现平台各类用户的单点登录,支持实名认证,并支持与其他物流信息平台用户认证信息的互认。

2. 信息发布

1)平台经营主体信息发布

货运枢纽(物流园区)的平台经营主体发布的信息一般包括:项目整体介绍,管理规章制度,形象展示,主营业务,规划目标,基础设施情况,平台管理机构的组织架构,以及招商政策、热点、服务等信息。

2)行业主管政府部门或机构信息发布

行业主管政府部门或机构一般可通过设在项目内的信息系统发布国家相关政策法规、区域交通设施信息、税收政策、运政管理等社会化服务信息,促进办公透明化和公开化,使入驻企业及时了解政策法规、掌握监管动态,加强入驻企业与有关政府部门的交流。

3)入驻主体的信息发布

入驻主体(物流企业、货主单位、社会化政府服务机构等)可以通过信息系统,发布相关信息,展示企业形象,通过共用信息平台集中宣传的规模效应,扩大入驻企业影响。

3. 内部日常管理

1)行政办公管理

包括日常办公管理、固定资产管理、招投标项目管理、物流培训和实习管理、内部的综合报表管理等,实现行政办公电子化管理和信息共享,降低管理工作人员的劳动强度,提高园区管理工作效率。

2)入驻企业管理

主要是项目平台运营管理机构对企业入驻前的招商宣传与入驻后的管理与服务。包括入驻管理、日常服务管理、入驻企业间协调工作管理、入驻企业投诉回应管理、入驻企业物流知识和相关政策培训、入驻企业信息综合管理等。

3)网上监督服务

根据各级政府监管部门对货运枢纽(物流园区)相关业务监管的需要,实现内部信息系统与相关政府监管系统的对接,按照国家法律法规要求为其提供必要的数据交换。可能涉及的政府监管和服务机构包括海关、国检、税务、外汇、财税部门以及车辆管理、运政管理等机构。

4. 业务支持服务

1)物流业务发布查询服务

主要包括业务供求信息发布、货物状态发布、业务单据处理进度发布、车辆运营状态发布、监管审批进度查询、企业物流信息统计等服务。

2)提供入驻企业物流信息托管服务

采用诸如应用服务提供商模式(Application Service Provider,简称 ASP)等形式为园区入驻企业提供仓储管理、运输管理、停车管理、配送管理、报关报检管理、货代管理、订单管理、船代管理、采购管理、供应商管理、客户管理、信息反馈、结算管理、统计分析等应用托管服务。常见业务包括:

(1)仓储管理系统:对不同类别、不同规格的仓库资源进行集中管理,可采用条码、射频等先进的物流技术设备，对出入仓货物进行货物登记、移库盘点、库存检索、租期报警等仓储信息的管理。

(2)运输管理系统：对所有运输工具（包括自有车辆、协作车辆等）进行车辆的调度管理，支持全球定位（GPS）和地理位置信息系统（GIS），实现车辆的运行监控、车辆调度、成本核算，并提供网上车辆以及货物的跟踪查询。需注意的是，涉及道路运输车辆动态监控服务时，应符合《道路运输车辆动态监督管理办法》（中华人民共和国交通运输部　中华人民共和国公安部　国家安全生产监督管理总局令 2014 年第 5 号）等相关规范。

(3)停车管理系统：以 IC 智能卡/RFID 智能卡为信息载体，记录车辆进出信息，利用计算机管理手段确定停车计费金额，结合工业自动化控制技术控制机电一体化外围设备，从而控制进出停车场的各种车辆的数量，实现进出园区的车辆登记管理、自动计费、车辆进出自动计数等功能。

(4)配送管理系统：满足生产企业及商贸企业配送的需要，遵循“共同配送”组织原则，结合先进的条码技术、GPS/GIS 技术、电子商务技术，实现智能化配送。

(5)报关报检管理系统：集货物进出口报关、商检、卫检、动植物检疫等功能的自动信息管理于一体，满足客户业务跨境运作的需求。

(6)货运代理管理系统：记录入驻物流企业与所有物流方式的业务往来，配合物流的其他环节，实现物流的全程化管理，提供门到门，一票到底的物流服务。

(7)结算管理系统：对入驻企业发生的物流服务项目实行价格一条龙管理，包括多种模式的仓租、运输、装卸、配送、货代等费用的计算。同时，提供与财务系统的接口，实现财务数据的无缝流转。

(8)客户关系管理系统：通过对客户档案及其动态信息进行统计管理，对客户服务质量反馈进行意见收集，分析客户结构及其信誉等级结构，从而提高企业服务质量和经济效益。

(9)其他增值服务：如入驻物流企业物流信息的增值加工，提供包括业务单据中外文互译、格式转换等服务。

3)交易撮合、结算、认证等在线服务

为物流业务的电子交易双方提供身份确认以及资质审核服务，确保交易者信息的唯一性和不可抵赖性，以提高交易各方的可信任度，实现安全交易。具体可以利用注册服务、数字证书（CA）认证服务、网关和安全服务、工作流程管理等支持功能和数据接口服务，实现物流综合信用认证、网上采购招标、在线撮合（如空车配载交易，仓库租赁交易等）、电子支付与结算、网上保险、网上报关、网上交税、网上出入境商品检验检疫、电子订舱等服务。

此外,在线服务应能与银行等金融机构系统连接进行余额查询、付款、退款和结算等主要交易,在线交易发生后,应及时更新相关信息,以确保在线信息的准确性,同时需记录发生的交易信息,保证信息的完整性。

4)物流企业决策辅助支持服务

在为入驻企业进行物流信息分析的基础上,园区信息系统可向入驻企业提供预测支持、多方式运输调度、存储控制、投标定价及投资等决策服务,具体包括数据挖掘和商业智能服务等。

四、建设条件分析

建设条件是确定拟建信息系统建设内容及建设方案的前置约束条件,也是体现项目信息化建设可行性及可能性的重要内容。不同信息系统工程的建设条件各不相同,应根据工程的实际情况对影响工程建设及系统运行的主要建设条件进行分析,有关可研报告的条目标题及其内容可根据工程的实际情况进行相应的调整。建设条件分析包括外部条件和内部条件:

1. 外部条件

外部条件指项目建设需要外部相关单位提供的条件或支持。一般包括非本工程建设所提供的网络环境、数据源;如涉及信息发布大屏幕、各类终端和监控设施等各类室外站点,外部条件还应包括站点的通信、供电等基础条件,以及站点所在地的气象、水文、地质等自然条件。

2. 内部条件

内部条件是指现有信息化系统建设情况(如园区既有通信网络、专用网络、系统主机、数据、应用等)、场地准备情况、相关业务的规范化程度、系统使用人员的信息技术技能水平以及相关信息化制度保障等。信息系统的现有基础可用图表予以辅助说明。

五、系统总体架构

系统总体架构应反映项目主要建设内容、布局以及相互间的逻辑关系。一般的,物流园区信息平台可采用的架构如图 8-3 所示。

六、实施策略

货运枢纽(物流园区)信息系统的建设实施一般可考虑采用如下步骤或策略:

(1)结合项目需求,对项目的视频监控、车辆门禁、停车管理等弱电系统提出总体设计方案,并结合土建工程建设实施。

(2)参考相关规范和同类项目经验,为项目公共信息平台配置相应的通用软硬件资源。

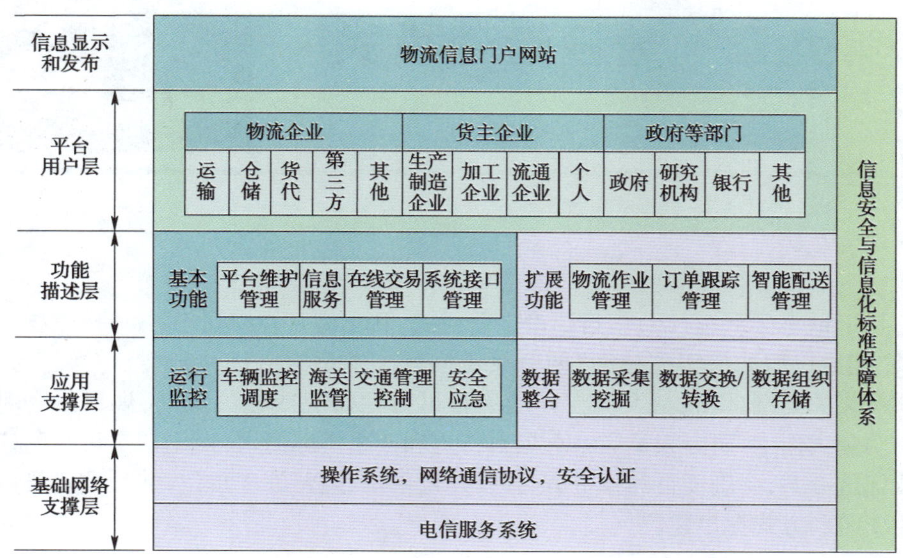

图 8-3 公共物流信息平台总体框架

(3)鼓励自主研发园区业务系统或安装 LOGINK 平台(国家交通运输物流公共信息平台)免费提供的物流基地管理系统软件(需结合项目的实际需求,对已有系统进行接口改造)。在实现项目运营管理需求的同时,应保障项目所建系统与入驻企业、其他园区、部省市各级物流信息平台之间的数据交换和共享。

(4)根据发展需要和实际运营效果,宜根据总体架构对信息系统的功能逐步进行扩充、完善。

第九章　建设运营模式

货运枢纽(物流园区)项目建设运营模式,其实质是在探讨“应如何开发经营”以及“建成以后如何实现盈利”两个关键问题。本章给出几种典型开发经营盈利模式及相关案例,供编制人员在开展项目可行性研究或相关策划、规划研究时参考。实际工作中,研究人员应结合项目特点和业主实际需求,提出切实可行的建设运营优选方案,明确项目的投资方、开发建设单位、运营管理单位,并对项目投产后的主要盈利方式提出建议。

第一节　开发经营模式

探讨货运枢纽(物流园区)项目的开发经营模式,需明确投资开发主体和投资开发方式,回答“货运枢纽(物流园区)应该如何去开发运营”这一关键问题。一个项目究竟适合采用哪种开发经营方式,主要取决于项目所处的环境及项目自身特点,如:项目性质,功能定位,政府要求,所在城市或区域经济发展水平,资本市场、城市或区域物流市场发育程度及物流企业发展状况等因素。

一、常用开发经营模式

货运枢纽(物流园区)客观上具有准公共物品的经济属性,会表现出正外部性、空间集聚性、公益性与经营性等多重属性,因此,其功能、规模较为多样,在开发建设过程中存在政府(包括地方政府或行业部门)主导,市场(包括国有、外资、民营等各类企业)主导等多种模式,而投资主体也趋向于多元化。值得一提的是,即使是由市场主导的货运枢纽(物流园区),在开发过程中,政府部门也会在规划实施、土地供应、政策法规、市政配套、投资环境等方面进行必要的干预和政策引导。

从发展实践来看,根据从规划建设到实际运营过程中投资、经营及人员等的组织安排方式,可将货运枢纽(物流园区)项目的开发经营模式分为以下 5 种类型。

1. 政府规划、政府建设

该模式的特点是项目由政府规划并由政府所属的融资平台，如城投、交投等国有公司负责实施项目的基础设施及配套设施建设，完成土地整备并负责招商和物业管理，入驻企业自行购地或租赁进行建设和运营管理。该模式类似国内“经济开发区”的开发模式。

该模式中，政府扮演多重角色，政府审批项目所在区域的城市规划和土地利用规划、制定货运枢纽（物流园区）项目开发经营的有关政策，同时将货运枢纽（物流园区）项目视为重要的基础设施投资项目，对其进行较大规模的直接或间接资金支持。政府既是项目发展政策的制定者，又是运作秩序的维护者和基础条件的提供者。

专　栏　9-1

德国物流园区开发经营模式的演变

早期德国政府部门曾经采取过直接参与物流园区的开发建设及经营的做法。20世纪90年代，德国统一之后，德国政府在柏林勃兰登堡地区编制了一个开发建设三大综合物流枢纽项目的规划。在每个物流枢纽的规划建设案例中，政府部门均负责购置土地、提供多式联运基础设施，并用廉价的土地成本及区域划法规吸引工业、商业企业入驻，同时提供24小时不间断的运营服务。由于物流园区的全部建设资金均由政府负担，政府财政压力过大，德国政府早年所制定的物流枢纽布局规划也未能完全实施。目前，因为投资过高、政府部门的市场辨别能力及运营管理水平受限，政府全额投资并负责经营管理的做法现在已经较少被采用。

近年来，德国政府多以规划引领、政策引导的方式参与到物流园区的建设开发中。联邦政府统筹规划，州政府、市政府扶持建设，公司化经营管理，入驻后企业自主经营。首先，联邦政府在统筹考虑交通干线、运输枢纽规划的基础上，通过对经济布局、物流现状进行调查，在全国范围内对物流园区的布局、用地规模和未来发展进行合理科学的规划。随后，州政府、市政府引导各州按照统一的规划建设物流园区，并对符合规划的物流园区给予资助或提供贷款担保。负责管理物流园区的企业受投资人的共同委托，负责园区的生地购买、基础设施及配套设施建设以及园区建成后的地产出售、租赁、物业管理和信息服务等。最后，入驻园区企业自主经营。由此可见，德国物流园区的建设和发展得益于联邦政府、州政府、企业、行业协会等多方面的共同努力。

2. 政府规划、工业地产商主导

该模式的特点是由政府规划项目所在的片区范围、项目选址、土地利用的性质，并由政府提供项目周边区域的市政配套建设，之后委托有实力的工业地产商开发建设，给予开发者适合项目开发的土地、税收政策等，随后工业地产商以租赁、转让或合资、合作经营的方式进行货运枢纽（物流园区）相关设施的经营和管理。该模式的适用条件是：当地政府管理部门十分了解物流业运行状况，高度重视通过社会物流体系建设促进国民经济和区域发展，并具有良好的经济管理经验与运行监督体系；邀请或招商而来的物流地产商，要具有较强的投融资能力，保证能按照规划要求进行项目的开发和建设。

该模式融合了政府和企业优势，两者共同参与了货运枢纽（物流园区）项目开发。政府的作用是提供土地、税收政策和市政配套等综合性配套措施，而工业地产商的作用是负责项目区域内基础设施建设，如道路、绿化及市政配套的管网建设等，并负责物流平台设施建设，如可供租赁的大型仓库、信息门户网站和其他共用装卸装备的投资建设等。这样减轻了入驻的物流企业共用性、基础性的建造成本，但也限制了个别生产制造企业、大型物流企业对整个货运枢纽（物流园区）的主导能力。澳大利亚、美国、中国等均有此种开发模式的范例。

专　栏　9-2

工业地产商普洛斯（GLP）在中国的布局

普洛斯是全球领先的现代物流设施提供商，普洛斯390亿美元资产包括5300万m^2的物流基础设施，遍及中国、日本、巴西和美国。

在中国，普洛斯所投资建设的工业地产物流项目分布于38个主要城市，物业总建筑面积约2740万m^2，园区数量达237个，已完工物业约1575万m^2。苏州的普洛斯项目如图9-1所示。

图9-1　苏州普洛斯项目

注：资料来源于普洛斯官网。

3. 政府规划、大型企业主导

该模式是指在政府提出规划并进行合理引导的前提下，以某类有实力的企业(通常是国有大型工商企业、跨区域物流集团等)为主体，利用其在资本规模、供应链整合等方面的优势地位，率先致力于项目的投资和开发，逐步实现相关物流企业和上下游采购、供应商在货运枢纽(物流园区)项目内的聚集，并依托物流外部环境引进或吸引工商企业在项目内或周边区域进行发展。该模式要求能从城市发展和区域经济发展的高度，选择或培育货运枢纽(物流园区)项目发展所需要的实力型工商企业和物流企业，并创造良好的物流市场经营环境。

该模式的最大优点在于项目的发展一般会遵循市场规律，容易存活且发展；最大弊端在于主导企业掌控货运枢纽(物流园区)全局，在追逐企业利益最大化时，存在偏离政府规划意图、功能异化的风险。

专 栏 9-3

襄阳汽车产业物流园区开发模式

襄阳汽车产业物流园区是襄阳市物流业发展规划(2011—2020)中的重点项目，位于襄阳市襄州区，奔驰大道与福银高速公路襄阳北出口交汇处，总占地面积约2000亩(约1.33km^2)，于2012年10月开工，总投资21.3亿元。项目以物流平台为依托，涵盖物流信息交易、车源集散、仓储配送、零担快运、汽修汽配、司机旅馆、集装箱甩挂、物流企业总部、供应链研发展示等服务功能，并提供银行、保险、工商、税务、法务和生活配套等服务，打造鄂西北地区集物流产业、智能商务、配套服务于一体的，国内一流的现代化综合物流产业城。

项目的投资和建设运营方为襄阳光彩国际物流产业投资有限公司，成立于2011年10月，注册资本5000万元，分别由湖北百盟投资集团有限公司、襄阳国邦视野有限公司和湖北省彩盟投资有限公司出资成立。襄阳汽车产业物流园区建成后，襄阳国邦物流园中具备仓储、货运专线及信息代理的400多家业主全部搬迁至新建物流园区，为园区的发展夯实基础。襄阳光彩国际物流产业投资有限公司分别成立物流运营管理公司和物业服务管理公司，为建成后的园区招商引资，提供集中、快捷、齐全的服务。

物流运营管理公司主要提供如订单管理、采购、进货入库、库存管理、补货及拣货作业、流通加工、出货作业处理、配送作业、会计作业、运营管理及绩效管理等服务；物业服务管理公司主要从“物”与“流”的角度，从治安、消防、服务引导客货流等方面为园区内各类企业提供保障服务。

4. 企业自主开发

该模式是指由大型国有或民营物流企业自行“找地”、自行决策并投资建设。许多大型物流企业自建的流通、分拨中心即在此列。该模式中的货运枢纽(物流园区)项目通常不在政府规划范围内。这种模式实际上是一种多元投资的企业化运作模式,比较适用于市场化程度较高或经济较为发达的地区。项目的开发建设完全是企业行为,由企业主导吸纳各方面投资,无论是国有、集体企业,还是民营、上市公司、社会个人都可以投资,企业通过成立项目开发建设股份有限公司,负责开发建设,同时负责经营管理或成立专门的运营股份有限公司来专门负责经营。

该模式下,货运枢纽(物流园区)项目是由一个主导企业或企业协作团体进行规划运作,目的性较强。整个前期规划、开发建设过程和营运过程具有企业化运作的市场优势,较能适应物流市场的需求规律,在整体规划、功能定位与建设实施等诸多方面具有政府规划无法具备的洞察力与实际效率。但项目在整体功能定位及与其他货运枢纽(物流园区)项目的统筹方面不如上述三种政府主导模式,容易导致区域范围内多个项目功能重合,甚至恶性竞争。

专　栏　9-4

传化公路港的开发运营模式

传化公路港模式定位于“物流平台整合运营商”,致力于把众多的第三方物流企业集聚到一起,为他们提供一个包括“基础性的物流设施”“信息交易服务”和“商务配套服务”的一个综合性运营平台。该平台由基础设施平台和电子商务平台构成。传化扮演平台组织者、管理者和服务者的角色,自己并不直接从事第三方物流业务。

根据市场现状,传化物流开发了平台“6+1”功能模式,通过“管理服务、信息交易、运输、仓储、配送、零担快运”六大中心及完善的配套服务功能模块,形成专业化运营的公路港物流服务平台,为吸引、整合、集聚资源创建一个有形的载体。

5. PPP(政府和社会资本合作)模式

PPP模式,即政府和社会资本合作,是指政府与企业之间,为了提供某种公共物品和服务,以特许权协议为基础,彼此之间形成一种伙伴式的合作关系,并通过签署合同来明确双方的权利和义务,以确保合作的顺利完成,最终使合作各方达到比单独行动更为有利的结果。

专 栏 9-5

PPP 模式在物流园区项目中的应用

在一般物流园区项目的开发建设中,PPP 模式可以分为整体模式和分散模式两种。

1. 整体模式

整体模式是指政府将整个项目都交由企业运作,政府通过周边土地开发补偿或资金补偿等手段,约束企业的开发行为,确保政府规划目标的实现。整体模式根据补偿形式可分为开发补偿模式和运营补偿模式。

(1)开发补偿模式:公共部门与私营部门共同确定项目后,在符合政府总体规划的前提下,由私人企业或投资财团负责项目的整体建设与融资,政府负责监督和协调。建设完成后企业将项目转交给政府,政府再将整个项目使用权和项目周边土地的开发权授予该企业,项目成长期内不收取或象征性地收取租金,保障其实现合理的投资收益,同时企业还可通过土地开发获得收益。进入项目成熟期,每年根据项目公司的经营情况收取相应比例的租金,防止产生超额利润,租期届满后可以续租。此方式的优点是极大地减轻了政府土地开发的负担,建立了项目的市场化收益机制,有效控制开发成本及物流服务价格,实现促进产业发展、提升产业竞争力的政府规划目标,实现区域经济的可持续发展。难点是这种模式对私营部门的要求极高,项目的成长期和成熟期难以准确划定,难以确定恰当的租金率,同时相关的法律法规及操作规则还有待于完善。

(2)运营补偿模式:在共同确定项目后,由私营部门负责投资、建设和运营。政府部门以预测物流量和实际服务价格为基础,预先核定项目公司的运营成本和收入,对产生的运营亏损给予相应补贴。政府以运营期内物流量的年平均增长率为控制标准,项目投入运营后,若实际物流量与预测物流量减少的幅度超过平均值,政府按照合同规定给予私营部门相应的补贴,以避免企业将项目转向高回报用途。如果实际物流量超过预测物流量的一定比例,超出部分的收益将由政府部门和私营部门按照事先约定的比例共享。项目预测物流量在项目成长期阶段是以三年为一个预测周期,进入项目成熟期后以年为一个预测周期进行调整。调整预测的目的是要控制私营部门产生超额利润,同时又保证私营企业的正常收益,防止物流服务价格过快上涨,影响园区内企业的市场竞争力。

2. 分散模式

分散模式是将一个完整的货运枢纽(物流园区)建设项目分成两部分,即公益性部分(土地开发、周边交通设施改善)和营利性部分(物流经营设施建设)的投资。公益性部分由公共部门出资的投资公司负责建设,而营利性部分则由私营部门出资成立的 PPP 项目公司来完成。全部建成后,政府与私营部门签订特许经营协定,在项目成长期政府将公益性部分无偿或象征性地租赁给 PPP 项目公司,以保证其正常收益;在项目成熟期政府收取一定比例的租金,收回政府投资的同时防止私营部门产生超额利润,以保证货运枢纽(物流园区)项目的公益性。项目特许期满后,PPP 项目公司无偿地将项目资产移交给政府或续签合同。

PPP 模式在我国货运枢纽(物流园区)项目的开发建设中应用还比较少,但在国外的货运村、物流园区中已成为主流,得到广泛应用。法国、英国、意大利、西班牙和德国等欧洲国家的物流园区,大多采用 PPP 模式。

专　栏　9-6

意大利博洛尼亚(Bologna)货运村

博洛尼亚货运村位于意大利北部城市博洛尼亚市郊,泛欧交通网(TEN-T)中两条通道的交汇处,周边有 5 条干线铁路及 4 条干线公路,是意大利全国乃至欧洲重要的货运交通枢纽,如图 9-2 所示。整个货运村占地约 6300 亩($4.2km^2$),目前仍有约一半的面积作为预留用地。

博洛尼亚货运村是由政企联合投资,政府部门控股的物流园区,截至 2014 年年底,园区总股本达 2243.7 万欧元,其股东由八家不同类型的主体构成,其中政府部门的股份占比 53%,各类企业及社会团体的股份占比 47%,如图 9-3 所示。政府部门在货运村的开发及运营过程中起到了重要作用,为其公共服务功能的发挥提供了有效保证。博洛尼亚货运村目前已经吸引了超过 100 家国内外运输及物流企业入驻,如亚马逊、DHL、辛克物流等,货运村的发展促进了公铁联运的发展,大大减少了货运交通对城市的干扰,提高了当地货运及物流经营者的竞争力。

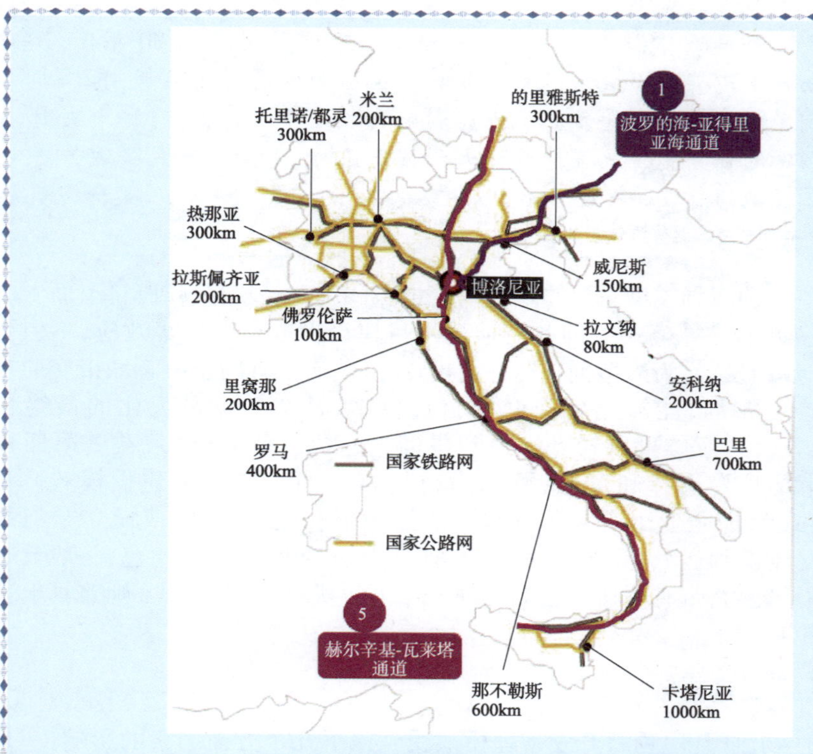

图 9-2　博洛尼亚货运村区位图

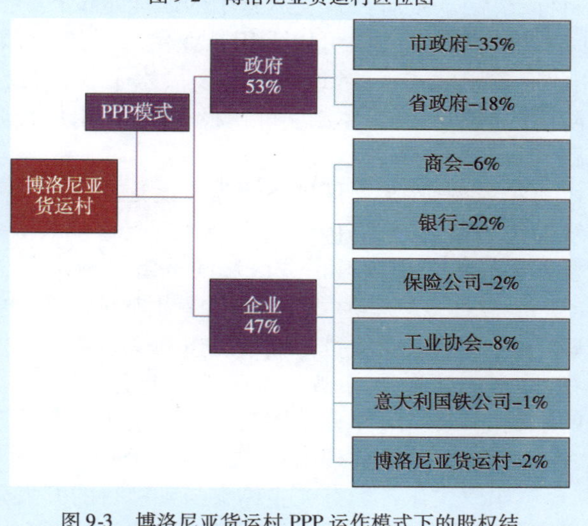

图 9-3　博洛尼亚货运村 PPP 运作模式下的股权结

在中央政府层面,博洛尼亚货运村一期工程开始于20世纪80年代,开工建设之初并未获得中央政府的资金支持。但由于发展成效显著,其二期工程则得到了中央政府资金支持。意大利政府以此项目为标杆,将中央财政对物流园区的资金支持政策纳入意大利国家法律,支持其多式联运等货运交通基础设施的建设和发展。

注:资料来源于博洛尼亚货运村官网。

上述模式中,前三种类型主要体现了政府意志,可统一归纳为政府自上而下的开发模式——“政府主导模式”,即政府通过项目建设形成产业聚集效应,不但可以带动相关产业的发展,为当地创造良好的投资环境,而且有助于缓解城市交通拥堵、加速升级产业布局,能够达到降低社会总成本,社会效益最大化的最终目的。为此,有关公共意志可以较好地得到贯彻,实现良好的社会效益。第四种则更多体现市场自发选择和意愿,可称为市场自下而上的自发建设模式——“市场主导模式”,即企业出资并负责园区的投融资和经营管理,或设立专门的公司负责开发建设和运营管理,政府仅扮演政策引导和支持的角色,一般具有较强的市场适应能力,带有明显的营利性质。第五种类型(PPP模式)则兼具上述几种模式的特点。

二、开发模式选择

货运枢纽(物流园区)项目开发管理模式受到以下几个方面因素的影响:一是项目的建设发展目标,决定了政府在开发运营中的职能定位;二是项目的规模与功能,如果规模较小、功能比较单一,则可以采用企业主导模式,如果规模大、综合功能强,则往往采用政府主导模式;三是地区经济发展水平、政府及行业管理职能等因素。从我国现阶段的国情和经济体制实际出发,无论采用何种开发模式,都应该坚持以下基本思路。

1. 积极倡导政府统筹规划、政府提供公共基础设施

坚持政府的统筹规划是货运枢纽(物流园区)项目能够较好体现政府意愿的重要保证。政府及其委托机构根据城市或区域的经济发展水平、物流市场需求等客观条件,以布局规划、总体规划等形式,对项目提出规划要求,主要包括确定项目大致区位条件、基本服务功能以及项目与城市周边的交通组织等。

2. 鼓励政府推动、市场引导、以企业为主体进行开发

在统筹规划的基础上,政府应充分发挥其公共政策制定者的职能,对货运枢纽(物流园区)项目的开发建设进行合理引导。企业应充分发挥其作为市场主体的积极作用,采用综合运作模式让各类有关主体参与到项目的开发建设中,实现开发融资的多元化和投资风险的合理分担,保证项目开发建设的顺利进行。

货运枢纽(物流园区)项目五种经营开发模式特征及适用条件 表 9-1

类型	开发模式	资金渠道	政策扶持	经营风险	社会效益	适用条件	适用项目类型
政府主导	政府规划、政府建设	政府财政资金	政府相关政策的大力支持	政府投资过高、承担风险过大且政府部门的市场辨别能力及运营管理水平有限	可以为广大物流和运输企业提供无差别物流公共服务	地区物流需求量较大,区位优势明显;政府财政资金较为充裕,且管理能力较强	单一交通方式、多式联运
	政府规划、工业地产商主导	来源于企业及社会资本,政府给一定资金支持	政府优惠政策较充裕	建设方存在共用设施及装备闲置的风险	租赁方以较少的租赁资金获得固定设施使用权	政府部门具有良好的经济管理能力与运行监督体系;物流地产商具有较强的投资能力和融资能力,保证按照政府对项目的规划进行开发和建设	单一交通方式、多式联运
	政府规划、大型企业主导	来源于企业及社会资本,政府给予一定资金支持	政府优惠政策较充裕	主导企业进行开发建设与经营管理时独担风险	吸引物流企业集聚,改善投资环境	主导企业资金雄厚;所在区域内物流量较大;竞争企业相对不足或互补特征明显	单一交通方式、多式联运
企业主导	企业自主开发	融资能力相对较弱	扶持力度较弱	由于产权清晰、自主决策,企业独自承担经营风险	社会效益因企业的责任感而存在差异	物流需求较为旺盛地区;且有被纳入广域物流网络构建的潜力	单一交通方式
PPP 模式		多样性的资金来源	有相关政策支持	风险共担、收益共享,符合市场竞争需要	政府的作用被相对削弱	存在多元化投资主体	单一交通方式、多式联运

3. 避免政府对企业经营活动的过度参与和干涉

货运枢纽(物流园区)项目成功开发最终是通过入驻企业提供的良好服务得以体现。因此在保证项目区域的整体规划建设较好地体现了政府的宏观布局意图后,政府就应由项目规划者角色的逐步退出,将项目的实际运作交由企业自主经营,避免政府对企业经营活动的过度参与和干涉。

根据已建成项目的开发运营效果,5 种开发运营模式的适用条件及效果特征梳理见表 9-1,供项目可行性研究咨询人员参考。

第二节　盈利方式分析

货运枢纽(物流园区)项目的盈利方式分析是在确定项目开发经营模式的基础上,根据项目类型、服务功能及其所处发展阶段,提出适合开展的业务类型及主要盈利点。盈利方式分析是开发经营模式的专题细化内容,也是开展项目财务评价的基础和依据。本节给出了不同开发模式、不同项目发展阶段下货运枢纽(物流园区)项目的主要盈利方式及盈利点,供咨询人员进行参考和选择。

一、不同开发模式下盈利手段及盈利点

一般而言,货运枢纽(物流园区)项目主要通过提供平台运营收入、公共物流服务收入和第三方物流服务收入作为盈利途径,从提供租赁服务、配套服务、延伸服务、增值服务及其他服务等获得盈利。投资开发主体是影响货运枢纽(物流园区)盈利方式选择的一个重要因素,投资建设主体不同,其自身盈利模式会有很大不同。不同开发主体下货运枢纽(物流园区)项目的盈利手段及盈利特点如下:

1. 政府规划、政府建设模式下的关键盈利手段及盈利点

政府主导开发模式主要考虑了整体经济规模的扩大、税收的增加以及由于物流效率的提高进而带动其他产业效率与效益提高等方面,从与运营商的分成收入、项目投资收益、政府旗下运营商的经营收益、社会收益等方面盈利。

1)与运营商的分成收入

政府在货运枢纽(物流园区)项目建成后寻找物流运营商,对运营商进行授权,运营商按其运营所得收入的一定比例(占比由投资者与运营商协商确定)上缴费用。

2)项目投资收益

政府可对货运枢纽(物流园区)项目内一些经营性项目(如仓储项目、加工项目)进行投资,从而产生一定的收益。

3)政府旗下运营商的收益

政府可通过组建运营管理部门,如园区管委会等,直接获取货运枢纽(物流园区)项目的收益,具体可包括以下几种形式:①对货运枢纽(物流园区)内所有项目进行管理,收取管理费用,收入与政府按一定比例进行分配;②运营商通过项目土地的不断增值和营销网络及服务的完善,吸引外来投资或新的项目进驻园区而收取管理费用;③为货运枢纽(物流园区)项目与客户提供物流服务,如通过提供信息、中介、现场技术等服务收取相关费用;④运营商为货运枢纽(物流园区)项目或客户引资与融资,自己收取中介费。

4)社会收益

货运枢纽(物流园区)项目建设带来的交通改善、大量就业、经济增长、区域经济结构的改善等均是社会收益。这种收益最终反馈到政府财政收入的增加上,是政府的长远利益。

2.政府规划、工业地产商主导模式下的关键盈利手段及盈利点

对于由物流地产商开发建设的货运枢纽(物流园区)项目,主要考虑了地产投资开发和物业管理等方面,从物流地产开发、运营、配套服务、集中采购、物业管理、物流地产基金以及其他等收入方面盈利。

1)物流地产开发收入

对土地进行一级开发,并把开发建成的货运枢纽(物流园区)项目出售给物流地产基金或第三方获取溢价,或将部分土地出售或转让给入驻企业,是项目收入最主要的来源。

2)物流地产运营管理收入

将开发建设好的物流地产出租,或向物流企业出租相关设施收取租金。

3)配套服务收入

货运枢纽(物流园区)项目公共服务设施收入、物业管理的收入、停车场等配套服务设施收入。

4)集中采购收入

通过平台从整个服务供应链的各个环节盈利。

5)物业管理收入

物流地产商以“定制开发+标准化开发”两种模式逐步完成货运枢纽(物流园区)项目的建设后,将其交给管理部门,物业管理部门通过进一步招租和服务完善收取物业管理费。

6)物流地产基金收入

组织投资者募集资金,收购地产,设立基金,由物流地产商作为基金经理管理基金以及基金旗下的地产,获取基金管理费收入和基金分红收益。最终形成物业开发、物业管理与基金管理部门间的闭合循环。

7)其他收入

由旗下基金提供日常的物业管理服务,并负责旗下基金的资产收购、转让、融资和收益分配等投融资活动,物流地产商每年可提取固定比例的管理费用。

3. 政府规划、大型企业主导及企业自主开发模式下的关键盈利手段及盈利点

对于企业主导开发下的投资建设主体,主要考虑项目整体平台运营、整合资源和物流信息共享等方面,从项目经营收益和平台收入等方面盈利。

1)项目经营收益

通过自营或选择优质合作伙伴共同经营货运枢纽(物流园区)项目,其投资企业以业主(或经营者)和股东的双重身份获得租金及项目经营红利。

2)平台收入

主导企业通过搭建物流公共服务平台为项目其他入驻企业提供公共物流服务,同时获得相应收入。

总体而言,由于主导企业开发模式下经营方式不同,其盈利模式也有所差异,主导企业在获得土地溢价、项目经营红利等有形收益外,还能够获得退出项目时无形资产的溢价。

4. PPP 模式下的关键盈利手段及盈利点

政企联合运作模式中,政府提供土地资源,物流企业则是相关物流设施投资建设的主体,应重点关注政府和企业所承担的不同角色。本书从政府和开发商两部分来分析盈利。

1)政府土地入股

政府以土地入股的形式对货运枢纽(物流园区)项目的经营收入进行分红。

2)开发商的收益

开发商主要通过货运枢纽(物流园区)项目土地增值、物业增值、土地与物业转让或出租、配套服务等来取得经济效益。

通过分析盈利手段及盈利点可以看出,货运枢纽(物流园区)项目的盈利模式并不是固定不变的,而与不同的开发主体有关。由于不同的开发主体的侧重点不同,货运枢纽(物流园区)项目的盈利手段及盈利点会有所差异,不同开发模式下的项目盈利方式及盈利点概括如图 9-4 所示。

二、细分物流服务类型的盈利方式分析

对于项目投资运营主体而言,开发建设货运枢纽(物流园区)项目,必然会考虑其内部各物流设施的利润来源;同时通过梳理物流功能设施间的业务逻辑关系,实现以资源整合为核心的物流价值链经营,开发多种业务相结合的增值服务。本节主要根据物流设施的功能和服务,分析研究不同物流服务类型的盈利途径。

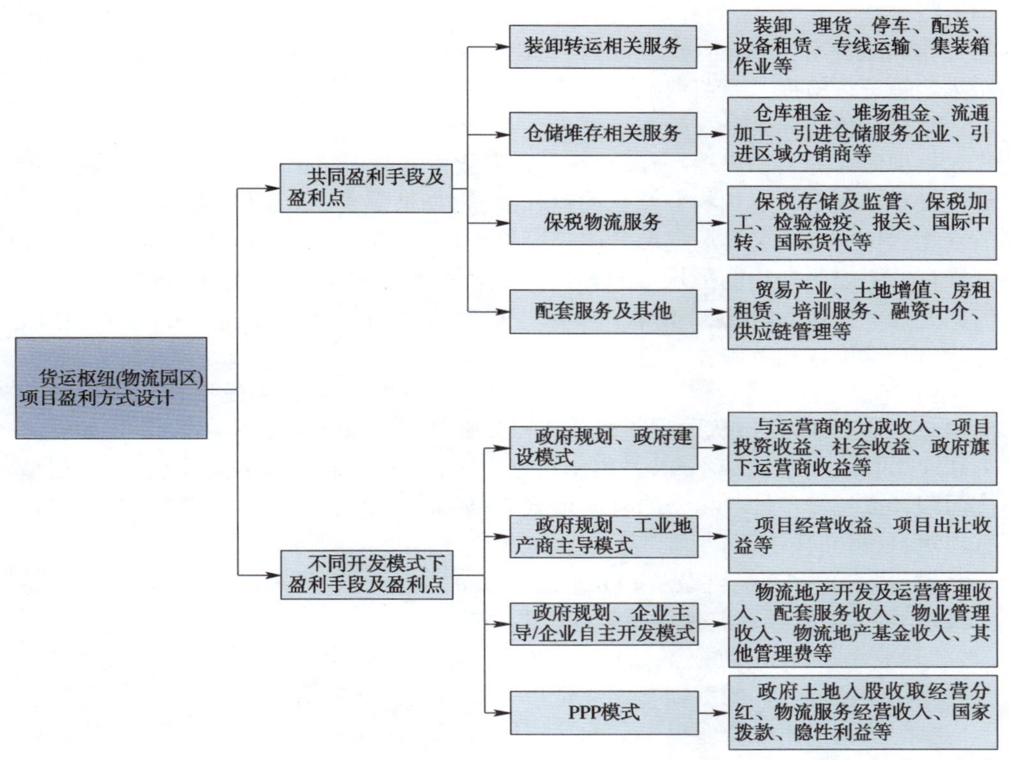

图9-4 货运枢纽(物流园区)项目盈利手段及盈利点

1. 装卸转运相关服务的盈利方式

货运枢纽(物流园区)的基本功能之一即作为货物的装卸转运场所,为大批量的货物提供装卸、换装、中转、联运及其他与运输相关的服务,并收取相关费用,具体说明如下:

(1)装卸:在园区内发生的汽车、火车、集装箱、件杂货和大宗散货装卸搬运费。

(2)理货:在收受和交付货物时,理货机构完成计数、检查货物残损、指导装舱积载、制作有关单证等工作,收取相关费用。

(3)停车:吸引本地和回程车辆进园区停车、配载货物,收取停车管理费。

(4)配送:提供区域内或同城范围内的短驳配送,收取配送费用。

(5)设备租赁:将园区内一些主要的交通设施如铁路专用线、物流设备如装卸、运输设备等租给入驻企业使用,收取租金。

(6)集装箱相关业务:包括对拆装箱作业收取的费用,对集装箱进行消毒、熏蒸、检查和维修作业,对车辆和集装箱进行排污、清洗等作业,对冷藏集装箱式冷藏车进行预冷等作业,站场收取上述作业发生的费用。还包括为国家检疫部门提供场所收取的费用,如卫生检疫部门对集装箱进行检疫、检查、处置,动植物检疫部门对集装箱进行检疫、检查、消毒所需的场所。

2. 仓储堆存相关服务的盈利方式

根据储存的货物属性,仓库类型分为专业型和通用型:专业型是需要配置专用设施设备以满足特定货物专业化的运作要求,如低温类、散装类;通用型是满足一般货物运作要求。而堆场类型分为集装箱堆场、件杂货堆场和大宗散货堆场。仓储堆存的主要服务功能是从上游客户接受多种大量物品,进行分类、存储、保管和信息处理等作业,并根据下游客户要求进行拣选、加工、组配等作业,并进行分批次送达。仓储堆存相关服务的盈利方式如下:

(1)仓库租赁:货运枢纽(物流园区)项目为客户提供仓库设施及相关设备的出租及其他物业服务,从中收取租金和物业服务费。由于仓库的类型不同(如低温类和通用类)、所在区域不同,其租金价格有所区别,一般低温类按体积计,通用型按面积计或托盘量计。租金的合同形式有基础租金加出货频率和总包式等,租期有周租、月租和长租等。

(2)堆存:集装箱、件杂货和大宗散货在货运枢纽(物流园区)项目内的集装箱中转站、货运站堆场存放保管而收取的费用。

(3)仓单质押:出质企业把在库动产(包括原材料、产成品等)存储在仓库中,然后凭物流企业开具的货物仓储凭证——仓单向银行申请贷款,银行根据仓单名下货物的价值向出质企业提供贷款,同时由货运枢纽(物流园区)项目运营管理商监管货物。仓单质押既是一项以仓储监管为基础的物流延伸服务,也是服务于出质企业和银行的增值服务。

3. 保税物流的盈利方式

保税物流区是专门发展现代国际物流业的海关特殊监管区域,一般涉及海关监管场所、商检查验场所和保税仓库,其主要服务功能是提供货物保税仓储、简单加工、国际中转、国际物流配送、国际采购、国际转口、物流信息处理、报关等服务。保税物流相关服务的盈利方式如下:

(1)保税存储及监管:存储进出口货物及其他未办结海关手续货物,并对货物进行监管,收取存储费。

(2)保税加工:对所存货物开展流通性简单加工,如商品包装、贴签等,收取加工费。

(3)商品展示:对于进口货物在未通关前,在保税物流区内进行商品展示。

(4)出口复进口业务:针对两头在内(即生产地在国内,销售地在国内)的保税货物交易,得益于保税物流区"国内货物进区退税"政策,使以往的"香港游"变成"区内游",降低了物流成本,缩短了交货期,特别有利于专业化分工明确、衔接紧密的行业上下游流转。

(5)保税区转关业务:将货物出口到保税物流区完成收汇退税,然后保税转关到保税区,进入保税区业务网络。充分结合保税物流区的出口退税政策和保税区的原有业务基础,将国内制造企业与保税区的业务网络基础紧密结合起来,使国内货物能够便捷地进入保税区企业的分销网络,促进物流区和保税区的共同发展。

(6)分拨中心业务:在区内设立分拨中心,通过向境内外供应商大批量集中采购可以吸引货物和资金向区内聚集,然后在分拨中心进行分拣处理组合后再向境内外客户分拨辐射出去。其优势是向供应商集中采购可以降低采购成本,经分拨中心分拣处理后,可以根据订单要求,满足客户个性化的产品组合需求,降低运输成本。同时可在此基础上建立大宗货物的期货交易中心。

(7)转口中转业务:一般分为转口贸易和国际中转业务。转口贸易主要是针对两头在外(即供货地在境外、目的地在境外)的国际贸易,对进入保税物流区的境外货物存储后直接转口到其他目的国或地区,资金流可以通过区内贸易企业或境外企业结算。

(8)国际中转:主要针对船公司的集装箱分拆集拼,对不同起运国进入保税物流区的集装箱货物进行快速分拆,然后将发往同一目的国的货物重新拼装在一起发出。

(9)国际货运代理:通常自身精通业务,熟悉国际货运市场供求变化,航线运价季节变化,熟悉各种运输手段及相关法律规定,与承运企业、贸易方以及保险、银行、海关、商检等有着广泛的联系和密切的关系,在一定范围内为委托人办理国际贸易货物进出口运输业务并提供相关服务,从而收取相应的酬金。

4.配套服务及相关利润来源

相关配套服务的盈利方式如下:

(1)信息服务:是现代货运枢纽(物流园区)提供的核心服务之一,一般包括两部分。一是提供车辆配载信息,通过培育入驻企业,促进货源信息集聚,带动车源整合,停车场以服务外地车源为主,通过货源信息服务、诚信认证及三产配套等,吸引回程车,帮助用户提高车辆的满载率、降低企业物流成本,并从节约的成本中按比例收取一定的服务费。二是提供商品供求信息,可以为园区内的商户服务,从本地和周边地市配送其所要进的各种商品,以降低经营成本,同时可以专门为大型商场、批发市场和广大客户服务,从全国各地集中配送他们所需要的各种商品,并按成交额提取一定比例中介费。

(2)土地增值:对于园区所有者与经营者来说,一般都能从土地增值中获取巨大收益。园区的业主从政府手中以低价购得土地,等完成初期基础设施建设后,地价将会有一定的升值,而到项目正式运营后,还将大幅上涨。对于经营者(即物流运营商)来说,土地的增值将能提高其土地、仓库、房屋等的出租收入。

(3)房屋租赁:主要包括办公楼及用于各种其他用途的房屋的租金。

(4)培训服务:利用货运枢纽(物流园区)项目运作的成功经验及相关的物流发展资讯优势,开展物流人才培训、技术培训等业务,从中收取培训费用。

5. 增值服务及相关利润来源

相关增值服务的盈利方式如下:

(1)货代中介:促进货源信息集聚,带动配送配载企业的发展,从而进一步带动办公、商务以及相应的生活配套和设施配套的需求,促进三产的发展,以此提高项目整体的税收产出。通过研究增值模式经验,开展附加值更高的服务,如金融服务、销售代理等。

(2)打造专线品牌:以入驻企业为主体,通过完善线路规划,制定服务标准等方式,提高运营效率和服务质量,打造统一的专线品牌,提高专线运输的增值服务。

(3)流通加工:对原材料加工成半成品和产成品,收取加工费用。一般而言,流通加工的环节多在仓储区内完成,因此,货运枢纽(物流园区)项目可在提供基本仓储服务的同时,利用既有优势,拓展相关的流通加工服务功能。

(4)引进仓储服务企业:通过研究成熟的仓储增值模式经验,推动货运枢纽(物流园区)项目从基础的仓储管理向提供增值服务转变,如金融服务、采购订货等。以完善的仓储增值服务为基础,进一步开展制造企业的销售代理等业务。

(5)引进区域分销商:引进大型的区域商品分销企业(如原材料和产成品的分销商),并在货运枢纽(物流园区)项目内注册。整合仓库和运输资源,构建仓储、销售、运输的物流服务链。重点在于储配结合,参与订单管理和提供交易服务,以此提高项目整体的税收产出。同时通过区域分销商的引进,带动配送配载企业的发展。

(6)发展贸易产业:以货运枢纽(物流园区)项目核心货种为主要原材料,发展具有良好的产业服务链延伸条件的贸易产业;建立专业的交易市场,收取交易费用。

(7)融资中介:运营商通过介绍投资者进驻园区,从中收取中介费用。

(8)项目投资:对于货运枢纽(物流园区)项目所有者来说,还可以对自己看好的物流项目(如加工项目、配送业务等)进行投资,从中获取收益。

(9)供应链管理:货运枢纽(物流园区)项目发展到一定阶段可考虑供应链总包服务的集成运作模式,重点在于业务信息、订单管理(依托服务平台)、服务能力集成(依托物流业务)。对有物流供应链外包意向的工商企业进行调研、对接和诊断,并提出供应链解决方案。

(10)其他收益:当园区发展到一定阶段,运营商还可以通过增资扩股、上市等方式获取收益。

值得关注的是,货运枢纽(物流园区)项目往往投资巨大、盈利途径相对有限、投资回报缓慢，在西方发达国家此类项目的投资收益率大概在6%～8%，是基础设施型长线投资项目。目前我国货运枢纽（物流园区）项目投资方所获得的收益通常主要来自于租金和土地增值，且运营初期往往空置率较高，甚至有货运枢纽（物流园区）建设完成后另作他用。项目自身盈利水平低下，是制约货运枢纽（物流园区）进一步发展的瓶颈。因此，选择设计合理的盈利方式是实现项目价值的重要保障。

三、盈利方式选择的基本思路

货运枢纽（物流园区）项目的盈利方式与开发模式有关，不同的投资策略下，项目盈利方式会有所差异；在项目不同的发展阶段，盈利方式的侧重点也不一样。根据对大量项目的调查及研究，本节将货运枢纽（物流园区）项目在不同生命周期下的特征和管理重点进行归纳，项目生命周期各阶段如图9-5所示，各阶段盈利方式建议见表9-2。

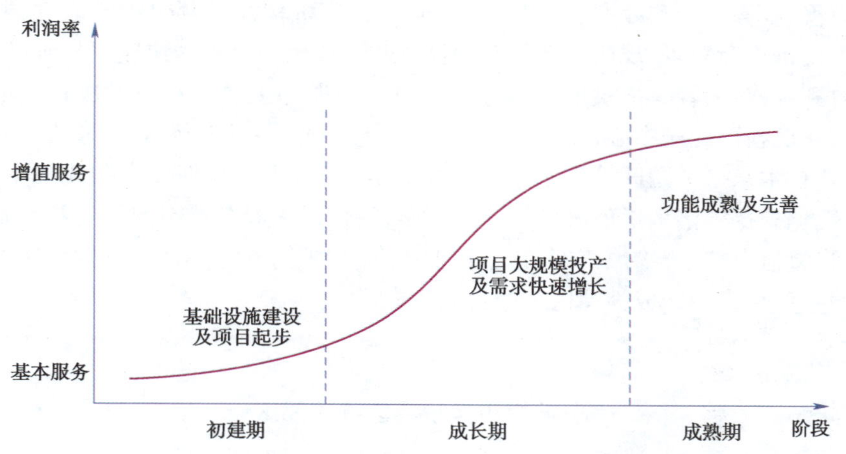

图9-5 货运枢纽（物流园区）项目生命周期各阶段

货运枢纽（物流园区）项目各阶段盈利方式建议 表9-2

主要盈利点 / 发展阶段	装卸转运相关		仓储堆存相关		保税物流		配套服务及其他
	基础服务	增值服务	基础服务	增值服务	基础服务	增值服务	
初建期	★	☆	★	—	☆	—	☆
成长期	★	★	★	☆	★	☆	★
成熟期	★	★	★	★	★	★	★

注：★表示建议开展此类业务；

☆表示有条件的情况下可开展此类业务。

1. 初建期

项目开始形成并初具规模,逐步被市场所认同和接受。此阶段入驻企业少、市场需求低、业务量不稳定、基础设施设备不完备、服务能力不足、成本高、发展速度缓慢,难以有效实现集约互补效能。对货运枢纽(物流园区)项目而言,该阶段需要花费较大的代价来培育物流市场,完善服务功能,一般情况下,宜优先发展投资小、回报较快的基础服务,尽快收回成本。随着行业整体的发展,项目可能在行业获得先入优势。

盈利方式:初建期的货运枢纽(物流园区)项目以基础设施、管理和场地出租费、土地升值、税收优惠及政府补贴等为主要收入,包括物业管理、库房、办公场地、配套设备等费用或租金。

2. 成长期

进入成长期后,项目的市场需求急剧膨胀、入驻企业数量迅速增多、服务功能逐步完善、服务质量和效率进一步提高、园区管理机构及运营组织已成立、园区基础设施设备逐渐完备、规模经济效益初显、成本下降、项目进入快速成长阶段。

盈利方式:为客户提供增值服务是项目成长期的主要盈利点。成长期的项目往往已建设仓储配送中心、流通加工中心、信息中心、保税通关中心等核心服务中心,企业技术水平和园区管理水平都已相应提高,可进一步拓展定制化加工、深加工、个性化分拣等诸多增值服务。此外,项目的快速发展必然引起物流相关资源的集聚,物流信息技术、物流培训、物流管理咨询、电子商务等一批具有知识密集型特点的服务项目也随之成为园区新的盈利方向。

专　栏　9-7

宁波梅山保税港区物流园区

宁波梅山保税港区物流园区位于宁波梅山保税港区内。总规划面积7.7km^2,目前运营的保税物流配送中心(一期)位于梅山保税港区首期封关范围内,投入资金19000万元,包括2座大型仓库,面积280000m^2,配套停车场10000m^2。2010年处理吞吐能力6.4万t,0.8万标准箱。一期主要从事进出口货物仓储与配送、物料加工和分拨、装卸柜以及国货出口复进口等服务。根据梅山保税港区总体功能定位,梅山保税港区物流园区是其核心功能区,远期要提供包括仓储、运输、装卸/搬运、理货、配送、多式联运、货运代理、物流信息管理等物流基本服务,构建以“国际中转、国际配送、国际采购、国际转口贸易和出口加工等五大功能”为核心的保税港区物流园区的增值服务体系。

3. 成熟期

进入成熟期后，项目基础设施完备、功能齐全、已具备综合物流服务能力、集聚效应明显、规模经济已经形成、业务量稳步增长且逐渐饱和成本下降、利润水平高。由于需求逐渐得到满足，发展速度渐趋于缓慢，市场竞争日益剧烈，从而导致企业入驻门槛提高。

盈利方式：进入成熟期之后，项目经营方式与服务方式也会发生根本性转变，物流活动逐步向上下游物流服务供应链拓展，服务范围以基本的仓储、运输等服务功能起，可以向上游拓展至市场调查、采购、订单处理等，向下游延伸至配送、物流咨询、库存控制、物流金融与结算等，从单一的物流服务功能向一体化的物流服务功能转变，通过发展物流培训、电子商务、物流信息、咨询服务、为企业提供物流解决方案等个性化的增值服务盈利，还可通过与其他相关咨询机构联盟、与大型工商企业战略合作等，扩大货运枢纽（物流园区）项目的经营业务，从而进一步地提升项目的盈利空间。

通过上述对货运枢纽（物流园区）项目生命周期不同阶段盈利方式的分析可以看出，初创期应注意发挥项目基本功能，成长期应关注其核心功能，而到了稳定运营的阶段，则应开发拓展相关的延伸功能，从而保证货运枢纽（物流园区）项目在不同的阶段下的盈利。

专　栏　9-8

德国不来梅物流园区

1984年德国建立了第一个物流园区——不来梅物流园区。园区离火车站和港口不远，有和铁路、公路的连接线，交通运输条件非常便利。不仅取得显著的社会效益，而且产生了巨大的经济效益，成为德国物流园区建设的典范。

不来梅物流园区的入驻率非常高，其中既有运输、仓储类提供传统服务的企业落户，也有大型的货运代理、联运公司、计算机应用系统开发公司入驻，海关、金融、保险等部门机构也在其中设立工作点。拥有不同类型的入驻企业是园区的一个显著特点，而这些企业之间的紧密合作所形成的合作效应更是其重要的盈利点。在这些企业中，既有大型的从事全球化物流服务的公司，如联邦邮政等，也有许多提供部分物流服务的中小型物流公司，如DAZANS公司等。他们以诚信、伙伴关系、双赢等合作理念为宗旨，与各类工商企业结成了广泛的供应链关系，加上海关、金融、保险等业务领域，使得不来梅物流园区能够为客户提供一体化的物流服务功能。

第十章　投资估算

投资估算是在基本确定项目的建设规模、工程方案、设备方案、实施方案的基础上，估算项目投入建设的总资金，并测算建设期内分年度资金需要量。投资估算是制定融资方案、进行经济评价，以及编制初步设计概算的基础。

进行货运枢纽（物流园区）项目的投资估算，应首先界定项目的工程范围、建设内容与开发模式，按照实事求是的原则进行投资估算。本章内容主要依据本书第一章中界定的有关货运枢纽（物流园区）项目类型、属性、表现形态等，按照不同类型项目在投资范围、建设内容、开发模式上的差异，分别给出投资估算的思路、内容，并就开展相关重点问题的研究方法、参数选取提出建议。

第一节　估算内容

项目投入总资金一般包括建设投资、建设期利息、流动资金 3 部分。建设投资由建筑工程费、安装工程费、设备购置费、工程建设其他费用、基本预备费、涨价预备费构成。项目投资构成如图 10-1 所示。

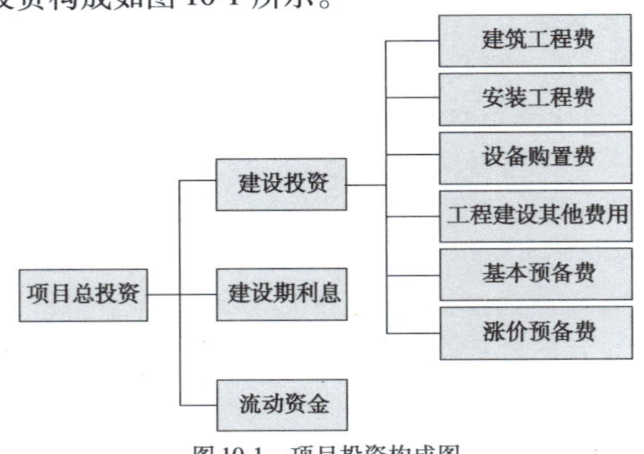

图 10-1　项目投资构成图

第二节 估算精度

项目投资估算精度应满足控制初步设计概算的要求。

按照《关于简化基本建设项目审批手续的通知》(计资〔1984〕1684 号)规定,项目可行性研究报告是项目决策的重要依据,应按规定的深度做到一定的准确性,投资估算和初步设计概算的出入不得大于 10%,否则将对项目重新进行决策。

目前,我国部分城市政府专门对此出台了政府投资建设项目管理办法,要求初步设计概算超过项目工可投资估算 10% 的项目,必须重新报批可行性研究报告或修改初步设计。

第三节 估算方法

一、估算依据

货运枢纽(物流园区)建设项目投资估算的依据主要有:

(1)《建设项目投资估算编审规程(CECA/GC 1—2015)》;

(2)《市政工程投资估算编制办法》(建设部建标〔2007〕164 号);

(3)《基本建设财务管理规定》(财建〔2002〕394 号);

(4)《建设工程监理与相关服务收费管理规定》(发改价格〔2007〕670 号);

(5)《工程勘察设计收费管理规定》(计价格〔2002〕10 号);

(6)项目所在地建设工程计价管理办法;

(7)项目所在地市政工程消耗量定额;

(8)项目所在地工程建设前期各项手续费用指标等;

(9)有关设备的现行市场价格;

(10)政府部门发布的物价指数、工程建设费用计算办法和标准等。

二、估算步骤与方法

1. 估算步骤

(1)分别估算项目各单项工程所需的工程费用,包括建筑工程费、设备购置费、安装工程费;

(2)在汇总各单项工程费用的基础上,估算工程建设其他费用和基本预备费;

(3)估算项目涨价准备费;

(4)估算建设期利息;

(5)估算流动资金;

(6)汇总得到项目总投资。

2. 建设投资估算方法

建设投资的估算可按照概算法或形成资产法估算。具体方法介绍可参见《投资项目可行性研究指南(2002 试用版)》。估算表分别见表 10-1 和表 10-2。

建设投资估算表(概算法)　　表 10-1

人民币单位:万元,外币单位:

序号	工程或费用名称	建筑工程费	设备购置费	安装工程费	其他费用	合计	其中:外币	比例(%)
1	工程费用							
1.1	主体工程							
1.1.1	×××							
	……							
1.2	辅助工程							
1.2.1	×××							
	……							
1.3	公用工程							
1.3.1	×××							
	……							
1.4	服务性工程							
1.4.1	×××							
	……							
1.5	厂外工程							
1.5.1	×××							
	……							
1.6	×××							
2	工程建设其他费用							
2.1	×××							
	……							

续上表

序号	工程或费用名称	建筑工程费	设备购置费	安装工程费	其他费用	合计	其中：外币	比例(%)
3	预备费							
3.1	基本预备费							
3.2	涨价预备费							
4	建设投资合计							
	比例(%)							100%

注：1. "比例"分别指各主要科目的费用(包括横向和纵向)占建设投资的比例。
2. 本表适用于新设法人项目与既有法人项目的新增建设投资的估算。

建设投资估算表(形成资产法)　　表 10-2

人民币单位：万元，外币单位：

序号	工程或费用名称	建筑工程费	设备购置费	安装工程费	其他费用	合计	其中：外币	比例(%)
1	固定资产费用							
1.1	工程费用							
1.1.1	×××							
1.1.2	×××							
1.1.3	×××							
	……							
1.2	固定资产其他费用							
	×××							
	……							
2	无形资产费用							
2.1	×××							
	……							
3	其他资产费用							
3.1	×××							
	……							
4	预备费							
4.1	基本预备费							
4.2	涨价预备费							
5	建设投资合计							
	比例(%)							100%

注：1. "比例"分别指各主要科目的费用(包括横向和纵向)占建设投资的比例。
2. 本表适用于新设法人项目与既有法人项目的新增建设投资的估算。
3. "工程或费用名称"可依不同行业的要求调整。

3. 建设期利息估算方法

对于采用债务投资的货运枢纽(物流园区)建设项目,应估算建设期利息。建设期利息指筹措债务资金时在建设期内发生,并按照规定允许投产后计入固定资产原值的利息。

建设期利息包括银行贷款和其他债务资金的利息,以及其他融资费用。其他融资费用是指某些债务融资中发生的手续费、承诺费、管理费、信贷保险费等融资费用。一般情况下应将以上费用单独计算,并计入建设期利息。对于不涉及国外贷款的项目,在可行性研究阶段,也可做粗略估算后计入建设投资。

估算建设期利息,需要根据项目进度计划,列出各年度投资额。为方便计算,通常假定借款均在每年的年中支用,借款当年按半年计息,其余各年份按全年计息。

需要说明的是,对于分期投产的项目,项目投产后继续发生的利息费用不再作为建设期利息计入固定资产原值,而是作为运营期利息计入项目在运营期内的总成本费用。

建设期利息估算表参见表 10-3。

建设期利息估算表

表 10-3

人民币单位:万元

序号	项　目	合计	建　设　期					
			1	2	3	4	……	n
1	借款							
1.1	建设期利息							
1.1.1	期初借款余额							
1.1.2	当期借款							
1.1.3	当期应计利息							
1.1.4	期末借款余额							
1.2	其他融资费用							
1.3	小计(1.1+1.2)							
2	债券							
2.1	建设期利息							
2.1.1	期初债务余额							
2.1.2	当期债务金额							
2.1.3	当期应计利息							
2.1.4	期末债务余额							

续上表

序号	项　　目	合计	建　设　期					
			1	2	3	4	……	n
2.2	其他融资费用							
2.3	小计(2.1+2.2)							
3	合计(1.3+2.3)							
3.1	建设期利息合计(1.1+2.1)							
3.2	其他融资费用合计(1.2+2.2)							

注:1. 本表适用于新设法人项目与既有法人项目的新增建设期利息的估算。

2. 原则上应分别估算外汇和人民币债务。

3. 如有多种借款或债券,必要时应分别列出。

4. 流动资金估算方法

流动资金是指项目在运营期内长期占用并周转使用的营运资金,不包括营运中需要的临时性资金。

流动资金的估算基础是项目经营成本和商业信用等,其计算方法可选用扩大指标法或分项详细估算法。

扩大指标估算法是参照同类企业流动资金占营运收入或经营成本的比例,或单位产量占用营运资金的数额估算流动资金。

分项详细估算法是利用流动资产与流动负债估算项目占用的流动资金。流动资金等于流动资产与流动负债的差额。

从当前国内货运枢纽(物流园区)项目可行性研究报告编制实践来看,多数均采用了扩大指标法,采取经营成本的一定比例来确定。

流动资金估算表参见表10-4。

流动资金估算表　　表10-4

人民币单位:万元

序号	项　　目	最低周转天数	周转次数	计　算　期					
				1	2	3	4	……	n
1	流动资产								
1.1	应收账款								
1.2	存货								
1.2.1	原材料								
1.2.2	×××								

续上表

序号	项　　目	最低周转天数	周转次数	计　算　期					
				1	2	3	4	……	n
	……								
1.2.3	燃料								
	×××								
	……								
1.2.4	在产品								
1.2.5	产成品								
1.3	现金								
1.4	预付账款								
2	流动负债								
2.1	应付账款								
2.2	预收账款								
3	流动资金(1－2)								
4	流动资金当期增加额								

注:1. 本表适用于新设法人项目与既有法人项目的“有项目”“无项目”和增量流动资金的估算。
2. 表中科目可视行业变动。
3. 如发生外币流动资金,应另行估算后予以说明,其数额应包含在本表数额内。
4. 不发生预付账款和预收账款的项目可不列此两项。

需要说明的是,投产第一年所需的流动资金应在项目投产前安排,为简化计算,项目流动资金可从投产第一年开始安排。

三、项目总投资及年度投资计划

按照投资估算内容和估算方法对各项投资估算后进行汇总,编制项目总投资估算表。

估算出项目总投资后,应根据项目实施进度安排,编制分年度的资金投资计划表。

为避免重复,项目总投资估算、资金使用计划及资金筹措可整合为一张表,具体格式见表10-5。也可分别给出三张表。

项目总投资使用计划与资金筹措表 表10-5

人民币单位:万元,外币单位:

序号	项　目	合　计			1			……		
		人民币	外币	小计	人民币	外币	小计	人民币	外币	小计
1	总投资									
1.1	建设投资									
1.2	建设期利息									
1.3	流动资金									
2	资金筹措									
2.1	项目资本金									
2.1.1	用于建设投资									
	××方									
	……									
2.1.2	用于流动资金									
	××方									
	……									
2.1.3	用于建设期利息									
	××方									
	……									
2.2	债务资金									
2.2.1	用于建设投资									
	××借款									
	××债券									
	……									
2.2.2	用于建设期利息									
	××借款									
	××债券									
	……									
2.2.3	用于流动资金									
	××借款									

续上表

序号	项　目	合　计			1			……		
		人民币	外币	小计	人民币	外币	小计	人民币	外币	小计
	××债券									
	……									
2.3	其他资金									
	×××									
	……									

注:1. 本表按新增投资范畴编制。

2. 本表建设期利息一般可包括其他融资费用。

3. 对既有法人项目,项目资本金中可包括新增资金和既有法人货币资金与资产变现或资产经营权变现的资金,可分别列出或加以文字说明。

四、投资估算注意事项

1. 政府投资(含补助、贴息)项目的投资估算

货运枢纽(物流园区)作为准公共性产品,存在申请政府投资补助的现象。一般意义上政府投入方向多为货运枢纽(物流园区)内的“公共服务设施和管理平台”等相关设施,主要涵盖物流园区用地,物流园区内部的市政管网、公共道路、公共停车场、公共堆场、多式联运与转运设施、综合管理大楼、综合服务大楼、信息交易大楼、海关大楼以及相关的信息交易平台等公共服务设施,以及包括在园区投资范畴内的公共市政及配套设施、园区外集疏运通道和必备的后勤服务保障设施建设等。

对于拟申请政府投资补助资金的货运枢纽(物流园区),在项目投资估算中,应对政府投资补助范围内的公共服务设施部分等建设内容投资进行单独估算,并以独立表格形式,列出政府资金投入设施的单项工程投资。

2. 室外工程和外部工程的区别

在货运枢纽(物流园区)项目投资估算中,需要特别注意室外工程和外部工程的区别。室外工程是指在项目建设中发生的场平土石方和室外围墙、护坡、给排水管网等项目。外部工程是指在本项目红线范围之外,为完成本项目的实施所进行的配套项目,如与项目衔接的城市道路、桥梁,外部电源、燃气、市政管网的引入等。室外工程和外部工程的不同点是:室外工程费用属于项目工程费用组成,应直接计入工程费用中,而项目的外部工程费用是否直接计入工程费用,需要和业主方沟通后方可确定。因为项目的外部工程通常是由专业单位负责建设施工,如外部供电

由供电部门施工，外部道路由所在城市市政单位施工，如果这些施工项目独立立项，估算费用独立列支，在货运枢纽（物流园区）估算中，再次将外部工程费用计入工程建设其他费与工程预备费中，存在重复计算问题。因此，为准确判断外部工程费用是否计入本项目，关键在于以下两点：一是本项目投资范围的界定，必须清晰准确；二是与项目业主商定投资项目包括的内容，准确把握项目建设内容。

需要说明的是，以上表格是本书总结国内货运枢纽（物流园区）建设经验基础上，给出的投资估算通用格式，在进行具体建设项目投资估算时，应根据项目特点和具体工程内容，对表格中“工程或费用名称”做出调整。

根据我国当前货运枢纽（物流园区）建设项目的实际情况，工程费用中需要明确主体工程、辅助工程和公用工程，其他可以在“其他工程”下做统一说明。其中“主体工程”部分一般应包括主要的公共服务类设施、主体仓储设施等房屋建筑工程；辅助工程一般包括场坪类、绿化类等工程；公用工程一般指纳入本项目投资范围内，与本建设项目直接相关的给排水、供电等市政公用工程。除此之外，由于货运枢纽（物流园区）表现形态的多样性，具体建设项目还可能包括各类其他单项工程，也应在“其他工程”下列出。

为了方便了解物流园区征地成本，“工程建设费用”中需将征地费与拆迁补偿费单独列出。

本书给出了代表当前国内主体类型的货运枢纽（物流园区）项目建设投资估算表一般格式，以供读者在实际工作中参考。由于货运枢纽（物流园区）类型较多，使用者可根据项目实际情况对表格内容进行微调。

第十一章　经济评价

经济评价是项目可行性研究的重要组成部分，主要包括财务评价和国民经济评价两部分。经济评价工作的重点是从投资者角度考量项目的财务可行性，以及从国家资源合理配置的角度分析项目投资的经济合理性。在建设项目有多个方案的前提下，经济评价可起到辅助决策的作用。

本书按照《建设项目经济评价方法与参数（第三版）》和《投资项目可行性研究指南》的基本要求，结合货运枢纽（物流园区）项目建设特点，针对项目经济评价过程中需要特别关注的评价范围、参数选取、指标分析等关键问题进行了研究，提出有关注意事项，供编制者在工作中参考。

关于经济评价的通用性要求，如相关用词、指标的解释，计算方法等，本书不再赘述，可参照上述文件规定执行。

第一节　评价内容与基本原则

一、评价内容

按照相关规定，建设项目可行性研究经济评价一般包括财务评价和国民经济评价两部分。

财务评价是在遵循国家现行财税制度和价格体系的前提下，从项目的角度出发，计算项目范围内的财务效益和费用，分析测算项目的生存能力、盈利能力和偿债能力，评价项目的财务可行性。

国民经济评价是从资源合理配置的角度，分析项目投资的经济效率和对社会福利所做出的贡献，评价项目的经济合理性。

根据《建设项目经济评价方法与参数（第三版）》要求，对于使用政府投资的经营性建设项目,均应进行财务评价、国民经济评价和不确定性分析。其中的政府投资包含直接投资、资本金注入、转贷、补助、贴息。

对于不使用政府性资金、属于核准制或备案制的企业投资项目,应进行财务评价和不确定性分析;对于国民经济评价,可根据项目特点决定,无要求时可以不做。

二、评价原则

(1)经济评价应遵循客观性、科学性、公正性的基本原则,坚持定量计算与定性分析相结合、以定量计算为主,以及动态分析与静态分析相结合、以动态分析为主的原则。

(2)经济评价应遵循费用与效益计算范围对应一致的原则。货运枢纽(物流园区)内多功能区共存、表现形态多样,需要清晰界定项目的评价范围,保证费用与效益对应一致,从而提高项目经济评价质量。

(3)经济评价的基本方法是采用"有项目"与"无项目"对比的方法(简称"有无对比法")。"有项目"情况是指实施拟建项目后,相关设施的情况;"无项目"情况是指不实施拟建项目时,相关设施的情况。对于改扩建项目,原则上采用增量法。经济评价中,应正确识别与估算"无项目""有项目""现状""新增""增量"等五种状态下的资产、资源、效益与费用。

(4)费用识别上,财务评价使用财务价格;国民经济评价使用影子价格。在市场竞争比较充分的条件下,项目的影子价格可直接采用财务价格计算,如运输价格等。影子价格计算的原则和方法,应符合国家有关部门最新颁布的建设项目经济评价方法与参数要求。

(5)货运枢纽(物流园区)项目的社会效益突出,在国民经济评价中,对项目外部效益的识别尤其要慎重,应注意防止漏算或重复计算。

第二节 财务评价

一、财务评价内容与步骤

财务评价是在确定的建设方案、投资估算和融资方案的基础上进行的财务可行性研究。主要研究内容与步骤如下:

1. 调查、选取财务评价基础数据与参数

包括主要投入物的财务价格、贷款利率、汇率、计算期、固定资产折旧率、基准财务收益率等基础数据和参数。

2. 估算费用与收入

包括项目建设投资、运营费用、各项收入等。

3. 编制财务评价报表

主要有项目投资现金流量表、项目资本金现金流量表、投资各方现金流量表、利润与利润分配表、借款还本付息计划表等。

4. 计算财务评价指标

计算项目的财务内部收益率、资本金收益率、投资各方收益率、财务净现值、借款偿还期(有贷款项目)、偿债备付率、利息备付率等指标,进行盈利能力分析和偿债能力分析。

5. 进行不确定性分析

不确定性分析包括盈亏平衡分析和敏感性分析。

二、重要数据与参数选取

财务评价的基础数据与参数选取是否合理,将直接影响到项目财务评价的结论,因此,数据和参数的合理选取是进行财务评价必须要做好的基础性工作。货运枢纽(物流园区)建设项目经济评价中,要特别关注以下几项参数的选取。

1. 利率

借款利率是项目经济评价的重要基础数据,用以计算借款利息,主要应用于计算建设期利息、运营期借款利息、借款偿还期,分析偿债能力等。利率指标的选取,建议取最接近项目实施期时的当期利率或银行贷款合同约定的利率。

2. 汇率

对于使用外资(国际金融组织、国外政府或商业贷款)的货运枢纽(物流园区)建设项目,汇率是一项重要的基础数据,其取值一般采用国家外汇管理部门公布的当期外汇牌价的卖出、买入的中间价。如果出现多种外币形式的支出或收入,应该换算为同一货币后,编制财务报表及进行财务评价指标计算。

3. 项目计算期

项目计算期是指经济评价中,为进行动态分析所设定的期限,包括建设期和运营期。

项目计算期的确定要考虑行业特点、主要设备经济寿命及项目本身特性,国家或行业均未对货运枢纽(物流园区)项目的计算期做出统一规定。考虑到货运枢纽(物流园区)属于大型交通类基础设施项目,与交通运输设施的关联性较强,因此参考公路、水运建设项目经济评价方法与参数相关规定(20~30年),为便于同类项目间进行效益比较,建议物流园区建设项目国民经济评价和财务评价的计算期统一取20年。

项目计算期的设置目的、考虑因素与预测特征年、设计年限并不相同,期限也不要求完全一致,但在具体取值时,宜包含在项目预测特征年内,以便获取项目运营期的各项成本、收入数据。财务评价中，如项目投资方对计算期有特殊要求，可根据项目实际运营期做出合理调整。

4. 财务基准收益率

财务基准收益率是投资决策的重要判据指标，也是项目在财务上是否可行的最低要求，同时也用作计算项目财务净现值的折现率。

财务基准收益率确定的方法有如下 4 种：

(1)直接采用国家发布的行业财务基准收益率。当前我国尚未针对物流行业设置行业基准收益率，总结已编制的货运枢纽(物流园区)项目可行性研究报告，相当一部分项目是以 5 年期以上贷款利息作为参考，取整获得财务基准收益率。

(2)依据国家关于行业最低资本金比例的规定，以该比例作为项目资本金，其他投资采用国内银行长期贷款，将该融资方案作为项目的基准融资方案，计算该方案的加权平均资金成本率作为行业财务基准收益率使用。

(3)由项目财务评价人员参照本行业一定时期的平均收益水平，考虑全社会投资平均收益水平、存贷款利率、项目的投资风险和项目所在地区平均投资收益、投资者意愿情况等影响因素综合设定，作为项目的财务基准收益率。

(4)项目财务评价人员以项目确定的具体融资方案为基础，综合考虑各项资金来源的资金成本，计算其加权平均资金成本率作为项目的财务基准收益率。

财务收益率的确定可自由选取以上各类方法，但应说明具体测算依据。

5. 运营收入

货运枢纽(物流园区)项目往往存在多样化的运营收入来源，根据对部分项目的汇总梳理，主要功能业务类型与运营收入来源详见表 11-1。

货运枢纽(物流园区)主要功能业务类型与运营收入来源　　表 11-1

功能业务类型	主要收入来源	功能业务类型	主要收入来源
物流作业服务	仓储	生产配套服务	堆场租赁
	装卸		办公租赁
	搬运		仓库租赁
	运输		设备租赁
	配送		信息服务
	理货		物业管理
	货代		停车管理
	保税		车辆维修
			车辆清洗

续上表

功能业务类型	主要收入来源	功能业务类型	主要收入来源
生活配套服务	宾馆住宿	增值服务	流通加工
	餐饮服务		质量检测
	加油加气		仓单质押
	汽车旅馆		商品展示
			会展
			培训
			咨询
			广告

咨询规划人员在进行具体项目财务评价时,应以拟建项目所在地区物流园区管理、运营方为主要调查对象,首先了解项目的建设开发模式、主要业务类型、具体服务种类以及各项服务的收费标准,结合项目作业量预测结果,分析各项收入未来变化趋势,预测总体收入。

收入测算中需要注意的问题:

(1)货运枢纽(物流园区)项目存在多种建设开发与运营管理模式。首先应根据项目的建设开发与运营模式,确定财务评价主体与主要业务。常见主体模式包括如下3类:

①政府主导的平台运营模式。主要是由政府或政府指定机构(管委会等)作为平台经营商管理运营货运枢纽(物流园区)。该类项目的经营主体一般情况下都不参与具体物流业务的经营,而只是提供土地和设施租赁、物业管理、政府服务等业务,其运营收入的测算主要体现在生产、生活配套方面。

②企业主导的平台经营模式。相比于政府而言,该类模式的运营者为企业,在具体服务功能上,除以上政府平台服务业务外,还提供部分物流增值服务,并获取收入。

③物流企业自主运营模式。由具体的物流企业建设开发货运枢纽(物流园区),并负责经营管理。其业务范围会大大拓展,一般均提供物流作业服务,但是不同项目的业务范围和收入来源各不相同,具体内容可在调研过程中获取。

(2)无论哪一种类型的货运枢纽(物流园区)项目,在判定和测算运营收入时,需要关注的核心要点是,确保项目的收入计算范围与投入范围相一致。

(3)由于货运枢纽(物流园区)的社会公益性,行业政府、地方政府往往会给予项目部分运营补贴,来自各级政府的资金补贴等也必须要增加到项目的运营收入当中。补贴额度可以通过对拟建项目进行调查,结合项目具体情况做出预测。

6. 运营费用

货运枢纽(物流园区)运营费用一般情况下包括:职工工资及福利、设施日常维护费、燃料动力费、办公管理费、各类保险费、税费(增值税、所得税、城市维护建设税和教育费附加等)等,还应包括运营期未偿还贷款的本金和利息的资金成本费用。

上述各项费用的计算要遵循国家相关的财税法律、法规进行,还要结合项目所在地区(城市)的相关要求及项目具体情况,通过对项目所在地物流园区或货运站场及项目规划、建设方等的实地调查,收集相关资料,了解相关设施运营的各类费用、支出及发展变化趋势,经分析研究做出预测。

费用处理上需要注意的问题:

(1)测算货运枢纽(物流园区)项目运营费用,首先应明确项目财务评价主体,主体不同,费用成本的处理方式也不一样。如:部分项目由政府投资建设基础设施,企业租赁场地进行具体运营管理。财务评价中在计算运营收入与成本时,应将场地租赁费算作政府的收入,而对企业来讲应计入成本费用。

(2)关注货运枢纽(物流园区)项目的建设开发与运营管理模式,项目类型不同,运营管理费用不尽相同。例如:政府主导开发的平台运营项目,在各项税费的缴纳上会有较大减免。

(3)关注固定成本和变动成本的差异性。部分费用属于固定成本,如保险等,通常以年为单位支出,需要与保险公司等协商确定;部分费用可能与货运枢纽(物流园区)所完成的物流作业量等直接相关,属于变动成本,需结合分项作业量的预测结果进行相应的计算。

(4)货运枢纽(物流园区)项目存在多种物理形态和经营业态,具体的物流经营活动不同,税费种类和税率也不一样,如针对仓储等物流作业功能和商务服务等增值物流活动的税率是不一样的,因此在具体财务评价过程中,需要根据项目具体经营内容、所在地相关法规测算项目税费。如存在减免所得税的优惠,应说明政策依据以及减免方式、金额,并按照优惠政策计算所得税费用。

(5)货运枢纽(物流园区)项目的固定资产折旧同其他建设项目一样,可以分别按站场房屋和设备两个部分进行,需要关注的是折旧年限的选取。结合物流园区中主体建筑类型,对于其中的综合办公楼、信息大楼、立体仓库等房屋固定资产,一般折旧年限采用50年;物流园区设备的折旧年限需要技术人员结合具体设备种类进行调查计算;对于规模较小的彩钢板型普通简易仓库,折旧年限可以采用10年。

三、相关分析指标测算

财务评价可以通过编制财务评价报表,计算各项财务指标,评价项目的盈利能力、偿债能力等。

货运枢纽(物流园区)项目财务评价的盈利能力分析主要采用财务内部收益率(FIRR)、财务净现值(FNPV)、财务投资回收期(Pt)等评价指标。

货运枢纽(物流园区)项目清偿能力分析主要采用借款偿还期指标进行评价,也可以用利息备付率(ICR)或偿债备付率(DSCR)指标来考察。

有关各具体指标的含义、测算方法及评估标准,均可见《建设项目经济评价方法与参数》等相关要求,本书不做详细介绍。

第三节　国民经济评价

一、国民经济评价内容及步骤

1. 确定基本参数

国民经济评价的基本参数主要包括社会折现率、影子价格、影子工资、影子汇率等。

社会折现率代表了社会投资所要求的最低收益水平,理论上由社会投资的机会成本决定。现阶段我国社会折现率统一为8%。

影子价格是指真实反映社会劳动消耗、资源稀缺程度和最终产品需求状况的价格。影子价格是社会对货物真实价值的度量,是国民经济评价中投入物、产出物采用的价格。由于影子价格是来自于现实经济中大量商品交换的价格信息中。因此,国民经济评价时投入、产出是否需要做影子价格调整,取决于项目投入、产出物市场竞争条件是否充分,特别是社会稀缺资源物品,如果市场竞争不充分,需要国家调控,则项目评价人员需要根据搜集的数据信息自行测算。

影子工资是指建设项目使用劳动力资源而使社会付出的代价。影子汇率是指单位外汇的经济价值,等于国家每增加或减少一单位外汇收入所需要付出或节约的社会成本。

具体参数的选取、测算方法参见《建设项目经济评价方法与参数(第三版)》。

2. 经济费用调整

经济费用调整包括建设费用和运营费用的调整。

建设费用调整时,货运枢纽(物流园区)项目要特别注意土地费用的调整。土地作为稀缺资源,需要提供充分的土地影子价格。

运营费用调整时,货运枢纽(物流园区)项目需要根据运营主体与运营模式做出调整。具体方法详见下节经济费用调整。

3. 经济效益识别与计算

国民经济评价经济效益识别与计算的工作重点是,识别货运枢纽(物流园区)项目建设因推动地区产业发展、交通运输环境改善等带来的直接经济效益,可结合定量分析预测计算各年产生的效益总量。

经济效益计算应始终牢记两点:①项目效益计算范围应与项目投资范围保持一致;②必须是由项目直接产生的可量化的效益。

按照此原则,在经济效益测算过程中,货运枢纽(物流园区)项目建设开发与运营管理模式不同,经济效益测算口径也不同。例如,政府主导开发和平台经营模式下,主要是以土地和市政配套设施投入为服务手段,项目直接的经济效益来自3个方面:①土地转让价差;②场地或设施租赁费;③物业管理费。而对于没有建造成本的企业平台运营商,其经济效益的测算应为实际项目经营中的财务收入。

4. 编制经济费用效益流量表

国民经济评价指标计算,重点需要计算项目的经济内部收益率、经济净现值、经济效益费用比。

5. 进行不确定性分析

二、基本参数的选取与确定

(1)社会折现率、影子价格、影子工资、影子汇率等通用参数。取值以国家最新发布值或计算方法为准。其中,根据《建设项目经济评价方法与参数》(第三版)的规定,结合国内货运枢纽(物流园区)的实际情况,现阶段项目的社会折现率取值8%。

(2)计算期。货运枢纽(物流园区)国民经济评价的计算期包括建设期和运营期,统一按20年计算。

(3)残值。国民经济评价的项目残值与财务评价残值有着本质的区别。财务评价的残值以可能形成的现金流为标准,国民经济评价的残值是从资源角度考虑项目所具有的潜在价值。结合货运枢纽(物流园区)项目特征,其国民经济评价的残值可以取建设投资费用的50%,在计算期末以负费用方式计入。

三、经济费用调整

经济费用调整以财务费用为基础进行,包括建设费用和运营费用调整。

1. 主要投入物费用调整

主要投入物费用调整,应以投资估算为基础,按影子价格进行计算调整。主要包括钢材、木材、水泥等一般投入物和劳动力、土地两种特殊投入物。

货运枢纽(物流园区)土地影子价格调整应结合项目所占土地类型和项目所在地土地市场情况来进行调整。当前货运枢纽(物流园区)存在3种土地获取方式:①划拨用地;②协议出让;③公开招标、拍卖。如果货运枢纽(物流园区)项目用地是经政府公开招拍挂取得的,则认为土地价格是由市场决定的价格,可直接作为项目用地的影子价格,不必再做调整。如果是划拨用地或协议出让,则需要根据类似用地市场交易价格或项目所在城市制定的分级土地基准价,作为估算土地影子价格的基准出发值,按照当地对具体地块出让价格的修正方法,估算项目用地影子价格。

2. 运营管理费用调整

运营管理费用包括日常养护费用、管理费等,其财务费用可以通过调查拟建项目所在地区相同或类似的、正在使用中的项目得到。一般按照上述建设投资中建筑安装费的经济费用调整系数来确定。

一般情况下,企业作为项目运营商时,在市场竞争环境充分时,可用财务运营成本替代经济运营费用;政府或政府指派机构(如管委会、运管局等)负责项目的运营管理时,国民经济评价中,涉及运营费用中的相关税费、国内借款利息等属于转移支付,可以扣除。

3. 车辆运营成本调整

车辆运营成本包括各种消耗、养护费用及人员工资(含福利)、保险费、管理费、其他税费等,调整应该按照《建设项目经济评价方法与参数(第三版)》所设定的原则分别调整,车辆运营成本的经济费用是下一步计算经济效益的基础之一。

对于货运枢纽(物流园区),以项目所在地运输企业货车的运营成本构成为基础进行调整。

4. 经济效益识别与计算

计算货运枢纽(物流园区)国民经济评价时,重点考虑其公共服务功能,针对项目特点,按照项目建造成本的投入和运营期间成本投入的口径范围,合理进行效益的识别和计算。

货运枢纽(物流园区)服务功能部分的经济效益主要计算直接效益,其间接效益应作为社会经济影响效益考虑,可通过“有无对比法”来确定。在国民经济评价中通常只计算直接效益,包括货运枢纽(物流园区)使用者费用节约、服务供给者费用节约等。

使用者费用节约效益，主要是从货运枢纽（物流园区）投资者的角度考察，按照“有无比较”的方法进行判断，通过无此项目时的物流成本与有此项目时的物流成本的差额，研判项目对国民经济的净贡献。主要包括货物换装时间节约效益（B_1）、货物换装成本节约效益（B_2）以及由于集聚效应而产生的入驻物流企业运营成本节约效益（B_3）。

（1）货物换装时间节约效益（B_1）的计算公式为：

$$B_1 = \sum_{i=1}^{n} [0.5 \times W \times (T'_i - T_i) \times V_i] \times 365 \qquad (i = 1,2,\cdots,n) \tag{11-1}$$

式中：n——换装货物类型数；

W——货物单位时间价值[元/(t·h)]，测算中应注意，原则上不同类型货物的时间价值并不相同，一般情况下也可简化为按照项目所在城市的单位小时创造的国内生产总值计算，时间利用系数按0.5计；

T'_i——“无项目”情况下，第 i 类换装货物的换装时间（h），可以结合项目所在地“无项目”情况下各种运输方式站场可能的分布情况，估算平均换装时间；

T_i——“有项目”情况下，第 i 类换装货物的换装时间（h）；

V_i——第 i 类换装货物的数量（t/日）。

（2）货物换装成本节约效益（B_2）的计算公式为：

$$B_2 = \sum_{i=1}^{n} \left[\left(\frac{V_i}{E}\right) \times C \times L'_i \right] \times 365 \tag{11-2}$$

式中：E——项目所在地营运货物车辆的平均载运系数（t/车），可以通过对项目所在地调查获取；

C——项目所在地单位经济运营成本（元/车公里），可以通过调查项目所在地合理的运输组织模式下车辆单位运营的财务成本，得到经济成本；

L'_i——“无项目”情况下，第 i 类换装货物所使用车辆行驶里程（km），可以结合项目所在地“无项目”情况下各种运输方式站场可能的分布情况，测算该类换装货物所乘车辆的行驶里程。

（3）入驻物流园区企业运营成本节约效益（B_3）的计算公式为：

$$B_3 = \sum_{i=1}^{m} F_i - F \qquad (i = 1,2,\cdots,m) \tag{11-3}$$

式中：F_i——“无项目”情况下，第 i 类功能设施（包括仓储、分拣等设施）可能的经济运营成本(元),可以通过对项目所在地或类似地区该类功能的公共性货运站场或物流园区调查得到相应的财务运营成本,经过调整得到经验运营成本;

F——拟建物流园区的经济运营成本(元),根据拟建项目方案,结合相关站场调查进行预测。

此外,从我国货运枢纽(物流园区)建设实践情况来看,带动周边产业发展、土地升值、环境改善是物流园区建设开发所产生的典型外部效应,其社会影响力更大。有关该部分的计算方法和模型尚不完善,仍在探讨之中。具体项目在评价过程中,可通过类比方法和实地调研,采取增加社会经济影响评价或社会评价等方式予以完善。

四、相关指标分析计算

国民经济评价相关指标可以通过编制经济费用效益流量表来计算,主要指标涉及项目的经济内部收益率(EIRR)、经济净现值(ENPV)、经济效益费用比(EBCR),具体测算方法及评判标准参见《建设项目经济评价方法与参数(第三版)》等相关规定。

进行货运枢纽(物流园区)国民经济评价时,可选取经济费用、经济效益作为影响因素,测算这些因素变化对经济内部收益率、经济净现值、经济效益费用比指标的影响,以此来考察项目的经济抗风险能力。

货运枢纽(物流园区)项目可行性研究报告应提供财务评价和国民经济评价表,重点注意:①各项表格中的建造费用和运营成本应符合货运枢纽(物流园区)特征;②政府投资的“平台”与企业投资的“平台”的投资、经营成本以及效益计算有一定差别。

第十二章　风险评估及防范对策

风险是指在一个特定的时间和一定的环境条件下，某种损失发生的可能性。风险分析是认识项目可能存在的潜在风险因素，估计这些因素发生的可能性及由此造成的影响，研究防止或减少不利影响的对策的一系列活动。

货运枢纽（物流园区）项目风险是指项目在规划建设、运营管理过程中，发生某种损失的可能性，侧重于规划建设中的决策管理可能面临的风险。货运枢纽（物流园区）项目风险分析主要遵循以下程序：首先从认识风险特征入手去识别潜在的风险因素；其次根据需要选择适当的方法估计风险发生的可能性及其影响；最后提出有针对性的风险对策。

第一节　风险识别

项目风险本质是各参与主体所期望的目标与实际结果之间的差异程度。风险因素识别是在收集相关资料和总结已有经验的基础上，通过风险调查等特定的分析方法，系统地识别出影响货运枢纽（物流园区）项目目标实现的各种风险源及潜在的风险因素。

一、风险因素

在项目可行性研究阶段，货运枢纽（物流园区）项目风险识别既要通盘考虑项目实施的全过程，全面地识别项目在各个阶段所面临的风险因素和各参与主体所面临的风险，又要侧重于建设过程中的决策对项目实施的全过程可能产生的风险，如为项目服务运营提供的基础设施建设（如仓库、设备选型等）与未来入驻企业要求不相适应的风险。项目各阶段风险因素见表12-1。

项目风险因素识别表 表12-1

阶段	工作内容	风险因素	主要原因	可能引发的风险
前期策划阶段	外部环境	①政策环境变动； ②法律环境变动	①宏观形势不利、通货膨胀； ②不公平竞争等扰乱社会的行为	①政策风险； ②投资风险
	内部环境	①决策不当； ②预算过低	①决策者的决策水平低； ②预算提高所带来的危险	①决策风险； ②成本风险
	物流需求	①市场需求； ②市场竞争	①市场需求的不确定性； ②市场竞争能力低下	市场风险
规划阶段	布局规划	①选址不当； ②数量过多； ③规模过大； ④功能定位不当	①各级规划之间缺乏统筹、协调； ②缺乏必要的物流基础数据； ③对物流量的预测规模不合适； ④未充分考虑区域经济水平、产业特点	①运营风险； ②成本风险； ③筹资风险
	设施规划	设施超前	未充分考虑当地物流需求水平	①技术风险； ②成本风险
	投资开发	①投资开发模式选择不当； ②投资开发主体选择不当	①选择的投资开发模式与当地社会经济发展状况不匹配； ②投资开发主体没有足够的经济能力、合作伙伴选择不当	①运营风险； ②筹资风险
建设阶段	征用土地	①自然属性； ②社会属性； ③拆迁、安置	①地块地质、水文条件的不确定； ②地块区位条件及市政配套设施的不确定性； ③拆迁安置、补偿、耗时的不确定	①成本风险； ②工期风险； ③施工风险； ④社会风险
	基础设施、服务设施及物流设施建设	①设计； ②自然条件； ③组织管理； ④资金供应； ⑤设备选择； ⑥技术应用	①设计的不确定性； ②自然条件的不确定； ③招标模式、承包方式选择不当； ④资金周转不及时、各部门间的协调配合不好； ⑤设备采购及使用方式选择不当； ⑥采用的技术、工艺、方法不合适	①设计风险； ②自然风险； ③组织管理风险； ④工期风险； ⑤资金风险； ⑥质量风险； ⑦技术风险

注：根据注册咨询工程师（投资）资格考试教材《项目决策分析与评价》整理。

货运枢纽(物流园区)项目在建设过程中面临多方面的潜在风险,可归结为技术风险、市场风险、管理风险和政策环境风险四大类。

1. 技术风险

技术风险是指货运枢纽(物流园区)项目在规划决策、施工建设、运营管理过程中,由于技术水平不足或缺陷,以及技术分析和决策的不确定性等原因,引起物流需求分析、布局规划、功能设计等方面的风险,从而给项目投资运营带来危害或潜在的意外损失。例如在建设过程中未考虑地质条件因素的影响,错误采取新的施工技术和施工方案;物流设施和布局规划中,规划太超前或者落后等。

2. 市场风险

市场风险主要包含经济与财务风险、市场运营风险。其中,经济与财务风险是指货运枢纽(物流园区)项目因融资、财务结构不合理、成本控制不力、相关经济因素的变化等导致的风险,直接影响项目的投资额度(是否出现"三超")和项目是否能顺利推进。市场运营风险是指货运枢纽(物流园区)项目建成投入运营后,因受物流市场供给与需求的变化、新技术的应用、区域或城市产业结构的调整、服务水平与项目规模及市场需求的匹配、营销手段及管理机制等因素的不确定性影响而产生的风险,表现为项目内企业入驻率低、大量设备闲置,实际收益远低于预期,进而影响项目的生存和发展。货运枢纽(物流园区)项目的收益直接取决于物流服务价格和其提供的物流服务量,它与物流需求、市场竞争以及项目经营企业的服务水平、营销能力有关。市场风险解析的示例如图 12-1 所示。

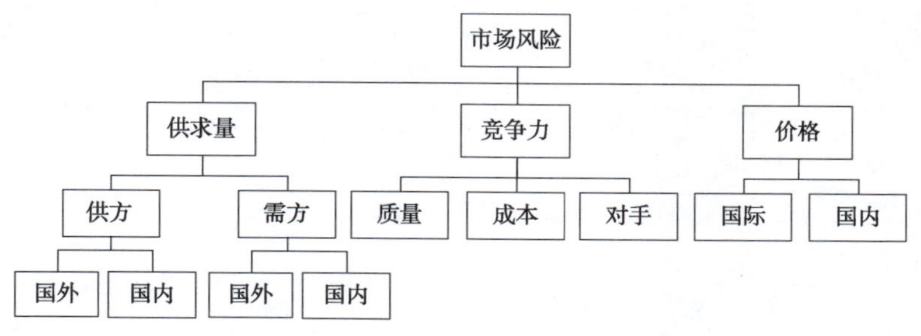

图 12-1 市场风险解析示例

3. 管理风险

管理风险主要指项目建设过程中,货运枢纽(物流园区)项目业主内部各部门之间、业主与咨询机构、业主与施工监理单位、业主与政府部门之间关系不协调引发的风险,如管理决策失误、工程质量低劣、工程造价偏高、工期延长等。

管理风险主要与管理机制、管理人员的素质、经验和能力有关。一方面,货运枢纽(物流园区)项目的建设牵涉到众多业务和政府部门,需要与多方面进行沟通、协调,以得到配合和支持;另一方面,项目本身的正常运行也需要有一个领导素质高、结构合理的组织。

4.政策环境风险

政策环境风险是指因国家的政治、经济以及自然环境变化而引起的风险。在货运枢纽(物流园区)项目实施期间,宏观环境局势的动荡、产业政策和法律(规)的调整、自然界气候的变化、不良的工程地质、水文条件等都会对项目产生影响。政策环境风险也是不可预见风险之一,需要项目咨询、管理人员通过自身学习提高技术业务水平,长期参与项目实践,加强对行业及同类项目外围环境的科学分析和研究,研判可能发生的风险,未雨绸缪、提早预防、科学决策。

二、识别方法

货运枢纽(物流园区)是兼具公益基础性和企业营利性双重属性的服务项目。按照建设开发模式的不同,项目参与主体存在一定的差异性,风险识别的侧重点略有不同。以政府为主体的货运枢纽(物流园区),在风险识别时重点分析政策环境风险、管理风险等;以企业为主体的货运枢纽(物流园区),在风险识别时重点分析市场风险、技术风险等。

货运枢纽(物流园区)项目风险识别应建立在一定的调查和前提假设的基础上。本书给出了典型的风险识别调查表。典型的风险识别调查表主要定性描述风险的来源与类型、风险特征、对项目目标的影响等,调查表见表12-2。除了表格调查,具体调查内容还应包括对项目周边水文地质条件、气象条件、地形地貌、自然及次生灾害情况、外围配套衔接条件、交通条件、通信条件、当地治安条件、物价条件、设计水平、施工水平、政策及法律法规等。

风险识别调查表示例 表12-2

编号: 时间:

项目名称	
风险类型	
风险对项目目标的影响 (费用、质量、进度、环境等)	
风险的来源、特征	

不同类型货运枢纽(物流园区)项目的风险因素具有各自的特殊性,应针对具体项目具体分析。不同的货运枢纽(物流园区)项目在不同阶段存在不同的风险

因素，风险识别时应充分考虑项目在不同阶段可能会遇到的各种情况，从多个角度、采用多种方法对项目风险进行综合性分析和识别。常用的风险识别方法包括德尔菲法（又名专家意见法）、头脑风暴法（又名智力激励法、BS 法、自由思考法）、情景分析法、检查表法、流程图法、工作分解结构法（WBS 法）。考虑到货运枢纽（物流园区）项目风险的特点，推荐选用 WBS 法。

第二节　风险估计及评价

风险估计是估计风险发生的可能性及其对项目的影响。风险评价是在风险估计的基础上，通过相应的指标体系和评价标准对风险程度进行划分，揭示影响项目成败的关键风险因素，以便针对关键风险因素采取防范对策。风险估计方法包括风险概率估计方法和风险影响估计方法两类，前者分为主观估计和客观估计，后者有概率树分析、蒙特卡罗模拟等方法。风险评价包括单因素风险评价和整体风险评价，前者主要有风险概率矩阵、专家评价法等，后者是综合评价若干主要风险因素对项目整体的影响程度。对于重大投资项目或潜在风险很大的项目，应进行投资项目整体风险分析。货运枢纽（物流园区）项目涉及的可以量化的风险因素，应通过定量分析的方法对它们进行风险估计；许多不可量化的风险因素可能给项目带来更大风险，有必要对其进行必要的定性描述。

在项目可行性研究阶段，货运枢纽（物流园区）项目风险估计与评价一般合并为“风险评估”。货运枢纽（物流园区）项目风险评估宜采取定性描述和定量分析相结合的方法，对项目整体面临的风险做出全面的评估。需要说明的是，定性与定量不是绝对对立的，根据货运枢纽（物流园区）项目功能及自身特征，分析其存在的风险因素，在深入研究和分解之后，有些定性因素也可以转化为定量因素后进行风险评估。具体区别和联系包括：

（1）定性分析的量化研究是风险评估分析者凭借自己的直觉、经验，根据已有的相关统计资料或历史数据，运用归纳和推演、抽象与概括、分析与综合等方法，对分析对象的风险重要程度（即风险度）或风险大小等做出判断，并对风险因素进行优先级排序的一种方法，常用的有主观估计法、蒙特卡罗模拟法、模糊数学法等。

（2）定量分析是通过将体现风险特征的各项指标定量化，来对建设项目风险给出较为客观地判断，常用的方法有敏感性分析、影响图分析、贝叶斯推断法、马尔可夫模型、事故树等。风险评估各类方法的优缺点如表 12-3 所示。

常用风险评估方法的比较

表 12-3

方法		适用范围	优缺点
定性评估方法	主观估计法	适用于资料严重不足或根本无可用资料的情况	决策速度快,不需太多的信息资料,但容易出现偏差,即估计的风险偏差较大,一般需要多人、多次对风险进行估计,如采用德尔菲法
	模糊数学法	风险具有不确定性,而不确定性常常是模糊的,适用于各种风险的分析	模糊理论可以使风险评估更加科学化和准确化,但确定模糊集合中各元素对应的隶属度仍然以专家的经验为准
	蒙特卡罗模拟法	具有许多风险因素的项目风险评估	全面考虑风险事件的风险因素,可以直接处理每一个风险因素的不确定性,注重对风险因素相关性的识别和评价的同时,运用较为困难
	事故树分析法	既能用于定量分析,又能用于定性分析,同时能找出系统的薄弱环节	表达直观、逻辑性强,对于新的、复杂的项目风险分析结果可信度高,但事故树的建造及计算过程复杂,所有事件仅考虑正常和失效两种状态
定量评估方法	敏感性分析	就各种不确定因素的变化对项目经济效果的影响作了定量分析	有助于决策者了解项目的风险情况,确定在决策及项目实施过程中需要重点研究与控制的因素,但没有考虑到各种不确定因素在未来发生变动的概率
	影响图	作为处理含有不确定性问题的工具,可广泛应用于决策分析、风险分析	影响图是决策分析模型的网络表示,图形直观、明了,概念明确、表达力强,能清晰的表示时序关系、信息关系和概率关系,但描述影响图的方法有较大的主观因素
	贝叶斯推断	在各种风险因素发生的概率和在每个风险因素条件下风险事件发生的概率均可以确定	可在众多的风险因素中抓住主要因素,提高风险分析的效率,但运用这种方法时,先验概率和条件概率确定难度较大

货运枢纽(物流园区)项目采用定性分析方法进行风险评估时,可借助于单个风险解析、风险对照检查表(见表 12-4)和风险评价表(见表 12-5)等方式。

风险对照检查表示例 表 12-4

风险因素	可能的原因	可能的影响	可能性		
			高	中	低
技术风险	技术不足或缺陷 技术分析和决策的不确定性	进度延误		* *	
市场风险	融资不成功 财务结构不合理 成本控制不力	投资超支	*	*	*
管理风险	项目复杂程度高 业主缺乏经验 可行性研究深度不足	影响质量		*	* *
政策环境风险	宏观环境局势的动荡 区域或城市产业结构的调整 法律(规)的变化 工程地质、水文条件的变化	生存环境			* * *

风险评价表示例 表 12-5

风险因素名称	风险程度					说明
	重大	较大	一般	较小	微小	
技术风险						
市场风险						
管理风险						
政策环境风险						

第三节 风险防范对策

一、基本要求

投资项目的建设是一种大量耗费资源的经济活动，投资决策的失误将引起不可挽回的损失。在投资项目决策前的可行性研究中，一方面要了解项目可能面临的风险，提出针对性的风险对策，尽可能降低风险发生的概率或将风险损失降低到最小，才能有助于提高投资的安全性，促使项目获得成功。另一方面，可行性研究阶段的风险对策研究可为投资项目实施过程的风险监督与管理提供合理的依据。风险对策研究的结果应及时反馈到可行性研究的各个方面,并据此修改部分数据或调整方案,进行项目方案的再设计。

在投资项目全生命周期的不同阶段,风险管理的内容有所不同。可行性研究阶段的风险对策研究是整个项目风险管理的重要组成部分,基本要求包括:

(1)风险对策研究应贯穿于可行性研究的全过程。可行性研究是一项复杂的系统工程,而风险因素又可能存在于技术、市场、工程、经济等各个方面。在正确识别出投资项目各方面的风险因素之后,应在方案设计上及时采取规避防范风险的措施,防患于未然。因此风险对策研究应贯穿于可行性研究的全过程。

(2)风险对策应具有针对性。投资项目可能涉及各种各样的风险因素,且各个投资项目又不尽相同。因此,风险对策研究应针对特定项目主要的或关键的风险因素提出必要的措施,将其影响降低到最小。

(3)风险对策应有可行性。可行性研究阶段所进行的风险对策研究应立足于客观现实的基础之上,提出的风险对策应是切实可行的。所谓可行,不仅指技术上可行,还要从财力、人力和物力等方面提供保障,做到切实可行。

(4)风险对策必须具有经济性。规避防范风险是要付出代价的,如提出的风险对策所花费的费用远大于可能造成的风险损失,该对策将毫无意义,需要从根本上考虑风险研究或项目投资决策的失误问题。在风险对策研究中应在规避防范风险措施所付出的代价与该风险可能造成的损失之间进行权衡,旨在寻求以最少的费用获取最大的风险规避效益。

(5)风险对策研究是项目有关各方的共同任务。风险对策研究不仅有助于避免决策失误,而且是投资项目未来风险管理的基础,因此它应是投资项目有关各方的共同任务。项目发起人和投资者应积极参与和协助风险对策研究,并真正重视其结果。

二、对策建议

货运枢纽(物流园区)项目风险对策是根据项目风险识别结果,针对可能出现的项目风险提出应对措施,并制定项目风险应对计划的项目风险管理工作。

实践中,一般经过货运枢纽(物流园区)项目风险识别和评估,项目的整体风险有两种情况:一是项目整体风险超出了项目可能接受的水平;二是项目的整体风险在可接受的范围之内。对于第一种情况,至少有两种基本的应对措施可以选择:

(1)当项目整体风险超出可接受水平很高,无论如何努力也无法完全避免风险所带来的损失时,应当立即暂停或取消该项目;

(2)当项目整体风险超出可接受水平不多,通过主观努力能够消减或避免项目风险时,应当制定各种各样的风险应对措施,通过开展项目风险控制来消减或避免项目风险所带来的损失。

货运枢纽(物流园区)项目风险应对的主要措施包括:风险转移、风险控制、风险自留、风险回避等。本书针对技术风险、市场风险、管理风险、政策环境风险四大类风险的来源和影响,提出相应的风险防范和规避措施,具体见表12-6,以便结合项目实际,通盘考虑,事先警示。

货运枢纽(物流园区)项目风险防范的对策建议 表12-6

风险	主要来源	主要可选对策
技术风险	功能设计的合适性	持续深入进行区域物流功能需求市场调研,广泛收集基础资料,认真分析货运枢纽(物流园区)服务区域的产业结构及产业结构和物流需求未来发展方向,合理进行功能定位,实施错位发展,避免决策失误
	技术的先进实用性	持续进行物流技术需求调研,尽可能地让物流及与之相关的企业参与项目的功能设计,避免技术滞后或过于超前
市场风险	资金来源	将确保项目资金落实放在首要位置;加强与银行的沟通、取得其信任,争取信贷资金的保障承诺;积极与国内大型物流企业合作,通过合股或经营权转让筹集资金;制定项目专项资金保障政策,防止资金挪用;积极争取各级政府鼓励货运枢纽(物流园区)项目建设的专项扶持资金
	物流需求前景	前期注重物流需求的市场调研,选择合理的物流需求预测指标和预测手段与方法,加强区域物流需求量和通过该项目服务的物流需求量预测,合理确定项目建设规模;加强对物流企业及相关需求企业的宣传
	园区竞争能力	认真分析物流园区辐射范围内其他物流园区的规划建设情况,进行SWOT分析,寻求自身的核心竞争力,进行错位发展
	营销策划能力	加强与政府及相关部门的协调,争取优惠政策,增强企业对入驻项目的信息,并委托具备丰富经验的顾问机构加强宣传推广力度;根据项目市场定位及目标客户的分布,确定适宜的宣传推广途径与策略;根据项目不同阶段,采取不同的营销策略
	通货膨胀	慎重预测主要材料及设备的价格变化趋势,做好采购方式及时机的决策;与承建商、供应商签订同定价格的采购供应协议
	利率变化	积极争取固定利率的贷款担保方式,减少由利率波动带来的风险;鉴于项目的公益性,寻求PPP合作运营模式

续上表

风险	主要来源	主要可选对策
管理风险	勘察设计管理	对项目的设计方案进行广泛的招标,认真了解勘察设计单位,选择技术力量雄厚、经验丰富的优秀勘察设计单位
	招投标管理	扩大投标单位的选择范围,认真进行投标单位资质和背景分析,根据项目特点科学合理制定评标细节,并要求提交履约(工期、质量)担保;采取合适的计价形式,根据项目内容选择不同计价类型,并在开标前做好项目工程标底或造价预算,避免恶意投标
	合同订立及管理	合同条款明确权利、责任,从项目整体效益(包括企业经济效益和社会公共效益)的角度出发,最大限度地发挥各方的积极性,合理进行风险分配,做到公平合理,责、权、利平衡,定期检查合同执行情况
	管理机构设置及分工	理顺政府管理部门、项目建设方、项目经营管理方及物流企业之间的管理体制;建立科学合理的管理组织结构,明确职责,合理分工,尽量避免人浮于事,避免官僚行政作风;建立风险管理相关机构
政策环境风险	区域经济发展	认真分析国家的经济发展政策及国内外、区域经济发展形势
	政府规划调整	加强与各级规划部门的联系,及时了解政府的规划及发展意图,尽量使项目符合城市功能及物流规划的要求,以获得政策支持
	政策法规的完善及变更	认真研究有关物流行业方面的政策法规,加强与政府主管部门的沟通和对政府有关政策法规的前瞻性研究,特别是加强对货运枢纽(物流园区)政策、规划、税收政策、土地政策、金融政策、技术规范等变化趋势的研究,及时收集政府最新的政策信息,分析宏观政策形势走向
	工程水文地质	加强工程水文及地质灾害的监测及治理;及时调整设施施工方案,联合专家制定突发工程、水文地质灾害发生的应对措施
	征地拆迁	项目用地的征用和取得应合法合规,若涉及拆迁补偿,应加强与当地政府部门的合作,与当事人进行积极主动的协商沟通;遵守公平竞争的原则,避免与同行的恶性竞争,妥善处理好原有经营主体和个人业务对接和合作
	交通条件	加强与政府相关部门的协调,寻求政府改善交通运输条件
	市政配套工程衔接	选择协调能力较强的人员参与政府及相关部门的协调工作

参 考 文 献

[1] 中国国家标准化管理委员会. GB/T 26820—2011 物流服务分类与编码[S]. 北京:中国标准出版社,2011.

[2] 中国国家标准化管理委员会. GB/T 22126—2008 物流中心作业通用规范[S]. 北京:中国标准出版社,2008.

[3] 中国国家标准化管理委员会. GB/T 18354—2006 物流术语[S]. 北京:中国标准出版社,2006.

[4] 中国国家标准化管理委员会. GB/T 30337—2013 物流园区统计指标体系[S]. 北京:中国标准出版社,2013.

[5] 中华人民共和国交通部. JT/T 402—1999 汽车货运站(场)级别划分和建设要求[S]. 北京:人民交通出版社,1999.

[6] 中国国家标准化管理委员会. GB 50186—93 港口工程基本术语标准[S]. 北京:中国标准出版社,1993.

[7] 中国国家标准化管理委员会. GB/T 19680—2013 物流企业分类与评估指标[S]. 北京:中国标准出版社,1993.

[8] 中华人民共和国建设部. JGJ 67—2006 办公建筑设计规范[S]. 北京:中国建筑工业出版社,2006.

[9] 中华人民共和国铁道部. TB 10011—2012 铁路房屋建筑设计标准[S]. 北京:中国铁道出版社,2012.

[10] 中国国家标准化管理委员会. GB/T 12419—2005 集装箱公路中转站级别划分、设备配备及建设要求[S]. 北京:中国标准出版社,2005.

[11] 中国国家标准化管理委员会. GB/T 50091—2006 铁路车站及枢纽设计规范[S]. 北京:中国标准出版社,2006.

[12] 中华人民共和国交通部. JT/T 402—1999 汽车货运站(场)级别划分和建设要求[S]. 北京:人民交通出版社,1999.

[13] 中国国家标准化管理委员会. GB/T 12419—2005 集装箱公路中转站级别划分、设备配备及建设要求[S]. 北京:中国标准出版社,2005.

[14] 中国国家标准化管理委员会. GB 21334—2008 物流园区分类与基本要求[S]. 北京:中国标准出版社,2008.

[15] 中国国家标准化管理委员会. GB 24358—2009 物流中心分类与基本要求[S]. 北京:中国标准出版社,2009.

[16] 中国国家标准化管理委员会. GB/T 30334—2013 物流园区服务规范及评估指标[S]. 北京:中国标准出版社,2013.

[17] 中国国家标准化管理委员会. GB 50187—2012 工业企业总平面设计规范[S]. 北京:中国标准出版社,2012.

[18] 中华人民共和国国家质量监督检验检疫总局,中国国家标准化管理委员会. LS/T 8009—2010 粮食物流园区总平面设计规范[S]. 北京:中国标准出版社,2010.

[19] 中国国家标准化管理委员会. GB/T 30334—2013 物流园区服务规范及评估指标[S]. 北京:中国标准出版社,2013.

[20] 中国国家标准化管理委员会. GB 50072—2010 冷库设计规范[S]. 北京:中国标准出版社,2010.

[21] 苏州物流中心. 苏州物流中心 [EB/OL]. 2015-08-16[2016-12-04]. http://www.seall.cn/html/cn/index.html.

[22] 上海外高桥保税物流园区. 中国(上海)自由贸易试验区 [EB/OL]. 2016-11-2[2016-12-16]. http://www.wblz.com.cn/.

[23] 中国国际工程咨询公司. 投资项目可行性研究指南[M]. 北京: 中国电力出版社, 2002.

[24] 张艳霞, 张倩. 物流园区用地规模测算方法研究[J]. 上海管理科学, 2012, 34(1):12-14.

[25] Eiichi Taniguchi ,Michihiko Noritake,Tadashi Yamada,Toru Izamitani. Optimal size and location planning of public logistics terminals [J]. Transportation Research Part E,1999,35:207-222.

[26] 韩勇. 物流园区系统规划的理论、方法和应用研究[D]. 天津: 天津大学, 2003.

[27] 刘扬. 区域物流枢纽城市内的物流节点布局研究[D]. 北京: 北京交通大学, 2008.

[28] 闫振英. 物流园区功能布局及其道路交通的研究[D]. 北京:北京交通大学, 2008.

[29] 闫国伟. 我国物流园区评价指标体系研究[D]. 上海: 同济大学, 2008.

[30] 魏立夏. 城市路网交通运行效率评估研究[D]. 长沙: 长沙理工大学, 2012.

[31] 张丽. 物流系统规划与设计(第二版)[M]. 北京: 清华大学出版社, 2014.

[32] 潘文安. 物流园区规划与设计[M]. 北京：中国物资出版社，2005.

[33] 李云清. 物流系统规划[M]. 上海：同济大学出版社，2004.

[34]《浙江省物流基地指南：建设、运营和行业管理》编写组. 浙江省物流基地指南：建设、运营和行业管理[M]. 北京：人民交通出版社，2013.

[35] 全国注册咨询工程师资格考试参考教材编写委员会. 项目决策分析与评价2012 年版[M]. 北京：中国计划出版社，2011.

[36] Christopher D. Higgins, Mark R. Ferguson. An Exploration of the Freight Village Concept and its Applicability to Ontario[R]. McMaster University, Hamilton, Ontario: McMaster Institute of Transportation and Logistics, 2011.

[37] New York Metropolitan Transportation Council. NYMTC Regional Freight Plan [R]. New York: [s. n.], 2004.

[38] 王大鹏. 可行性研究阶段投资估算的编制方法与注意问题[J]. 建筑经济，2012，5(355):26-28.

[39] 本书编写组. 建设项目经济评价方法与参数(第三版)[M]. 北京:中国计划出版社,2006.

[40] 赵闯，刘凯，李电生. 物流园区建设的风险分析与管理[J]. 土木工程学报，2004，37(12):87-90.

[41] 贡云兰. 物流园区建设项目风险评估及防范[J]. 华东公路，2006(3):85-88.

[42] 刘晓康. 物流园区项目风险分析与管理[D]. 武汉:武汉科技大学，2009.

[43] 王煜洲. 物流园区建设项目风险管理研究[D]. 成都:西南交通大学，2012.

[44] 张桂新，蒋景楠. 项目风险评估方法探讨[J]. 技术经济，2006(3):80-82.

[45] 董千里，尚鸿雁，刘小东,等. 物流信息平台的区分及规划构建研究[J]. 广西大学学报(哲学社会科学版)，2008，30(2):13-16.

[46] Institute of Transportation Engineers. Trip Generation: An ITE Informational Report. 9th ed[M]. Washington, DC: Institute of Transportation Engineers, 2012.